KB211657

행복의
뜨락에서

행복의 뜨락에서

초판 1쇄 인쇄일 2020년 3월 6일
초판 1쇄 발행일 2020년 3월 12일

지은이 권영세 · 김진례
펴낸이 양옥매
디자인 성다윤
교 정 조준경

펴낸곳 도서출판 책과나무
출판등록 제2012-000376
주소 서울특별시 마포구 월드컵북로 44길 37 천지빌딩 3층
대표전화 02.372.1537   팩스 02.372.1538
이메일 booknamu2007@naver.com
홈페이지 www.booknamu.com
ISBN 979-11-5776-860-8(03230)

이 도서의 국립중앙도서관 출판시도서목록(CIP)은 서지정보유통지원 시스템
홈페이지(http://seoji.nl.go.kr)와 국가자료공동목록시스템
(http://www.nl.go.kr/kolisnet)에서 이용하실 수 있습니다.
(CIP제어번호 : CIP2020009069)

행복의
뜨락에서

권영세 · 김진례 지음

책과나무

contents

들어가는 말

우리 인생에 항상 따라다니는 주제 하나가 있는데 그것은 다름 아닌 행복이다. 행복해지기를 바라고 더 행복하기를 바라는 것이 모든 사람들의 마음일 것이다. 인생은 누구나 건강과 행복과 성공을 추구한다. 그것은 인간의 세 가지 기본적인 욕구이기 때문이다.

혹시 당신은 어떤 음식을 좋아하는가? 나는 비빔밥을 좋아한다. 비빔밥을 만들기 위해서는 밥과 여러 종류의 나물과 계란 프라이, 깨소금, 참기름, 고추장을 넣고 비벼야 한다. 그래야만 맛있는 비빔밥이 완성되는 것이다. 처음부터 맛있는 비빔밥은 존재하지 않았다. 비빔밥은 내가 만들어 먹는 밥이다.

하나님은 인간에게 행복이란 기성품이 아니라 행복을 만드는 재료들을 주셨다. 이 세상의 모든 것은 행복의 재료들이다. 행복은 가정, 자녀, 직장, 때로는 아픔, 실패, 좌절, 질병, 고통 등 하나님이 주신 재료를 이용해서 우리 삶으로 만들어 가는 것이다.

그러므로 행복은 기성품이 아니라 수제품이다. 그래서 행복에는 가격표가 없다. 그러니 아무리 돈이 많아도 돈으로 행복을 살 수 없고 아무리 가난해도 행복하지 못할 이유도 없는 것이다. 행복은 비빔밥처럼 스스로가 만들어 가는 것이기 때문이다.

아무리 가까운 사이일지라도 "저에게 행복을 5분만 빌려주세요."라는 말은 할 수 없다. 그 대신 행복은 뛰어난 과학자가 아니어도 누구나 마음먹으면 만들 수 있는 자가 발명품이자 스스로가 만드는 수제품이다.

만약에 "여기 행복 한 그릇 주세요."라고 말할 수 있는 식당이 있다면 아마 대만원일 것이다. "이 주소로 행복 10㎏ 배달해 주세요."라고 말할 수 있는 마트가 있다면 파격 세일을 할 필요가 없을 것이다. 왜냐하면 행복은 비매품이기 때문이다.

웃고 미소 지어 보라. 행복해지지 않는가?
어려워도 감사해 보라. 행복해지지 않는가?
사랑하면 행복해지지 않는가?
이렇게 행복은 스스로가 만드는 것이다.

끝으로, 이 책이 출간되기까지 나를 위해 35년을 한결같이 사랑하고 기도하며 간호해 주는 사랑하는 아내에게 마음 깊이 감사하며, 든든한 나의 후원자이자 우리 가정의 보배인 큰딸 나흔이와 작은 딸 나연이에게 고마운 마음을 전한다.

이 책이 출간되기까지 나와 함께 공동 저자로 집필하며 수고를 아끼지 않으신 이 시대의 행복의 전형이요 섬김의 표상이시며 저와 함께 성신여자대학교 평생교육원에서 감동의 명강의를 해 오시는 존경하는 김진례 교수님께 마음 깊이 감사드리며 집필할 수 있도록 지혜를 주신 하나님께 영광을 돌린다. 아울러 함께 작업하며 출판해 주신 도서출판 책과나무 양옥매 대표님과 임직원 여러분께도 진심으로 감사드린다.

이제 우리 함께 이 책 속으로 행복 여행을 떠나 보자. 필연코 행복이라는 종착역에 도착하여 야호하며 행복의 함성을 메아리치게 할 것이다.

행복의 뜨락에서
권영세 · 김진례

PART 01

행복의 씨앗

한 송이의 장미도, 한 송이의 들국화도 그저 그렇게 아름답게 피는 것은 결코 아니다. 행복은 어느 날 하늘에서 갑자기 떨어지는 것이 아니라 스스로의 노력을 통해서 만들어지는 것이며 행복의 씨앗을 심은 데서 행복의 열매를 거두는 것이다.

01

행복이란 무엇인가?

　사람은 본능적으로 누구나 행복한 삶을 추구하며 살기를 간절히 원한다. 사람들은 수시로 행복이란 단어에 물음표를 달고 행복에 대한 정의 내리기를 시도하지만 누구도 명쾌하게 이게 바로 행복이라고 쉽게 말하지 못한다. 행복이란 아주 주관적이며 상대적이기 때문이다.

　행복은 눈으로 쉽게 볼 수 있는 것도 아니고, 손으로 만질 수 있는 것이 아니기에 행복의 조건은 사람마다 제각기 다를 수밖에 없다. 그리고 행복의 기준이 사람마다 다르고 각자가 생각하는 삶의 가치가 다르기에 '행복은 이것이다'라고 한마디로 정의하기가 쉽지 않다.

　그럼에도 행복이란 무엇인지 살펴본다면, 사전적 의미로는 행복이란 "생활에서 기쁨과 만족감을 느껴 흐뭇한 상태"라고 하는데 그럼에도 행복의 기준이 사람마다 다르고 각자가 생각하는 삶의 가치가 다르기에 또한 행복의 정의가 쉽지 않은 것이 사실이다. 행복이란 무엇인가? 생활에서 기쁨과 만족감을 느껴 흐뭇한 상태를 말한다. 항상 기뻐하고 주어진 현실을 만족하며 감사하고 사랑하는 삶이 행복일 것이다. 성경에서도 항상 기뻐하고 감사하는 것이 하나님의 뜻이라(살전5:16, 18)고 했고, 천국(행복)은 너희 안에 있다(눅17:21)고 했다.

행복은 항상 기뻐하는 마음속에 있으며 감사하는 마음속에 자리 잡고 있다. 이러한 기쁨과 감사의 뿌리는 마음인데, 이 마음은 예수 그리스도의 마음이다(빌2:5). 우리가 예수 그리스도의 마음 되어 좋은 생각으로 늘 행복한 삶을 살아가고 있다면 우리는 이 땅에서 행복한 천국의 삶을 살고 있는 것이다.

영화〈파바로티〉에 "그대 내게 행복을 주는 사람"이라는 노래가 등장한다. 그 노래의 가사처럼 우리 모두 선한 생각과 마음을 가지고 진실한 삶을 살면서 서로 행복을 주고받는 사람이 될 수 있다면 우리의 삶이 얼마나 감동적이고 아름다운 삶이 되겠는가?

꼭 알아야 할 핵심적인 한 가지를 첨언한다면, 창조주 하나님의 사랑을 알고 그 사랑 안에 거하여 서로 사랑하고 사랑받는 사람이 될 때 진정 참행복의 소유자가 되지 않을까?

02

―

🌱

행복에 대한 물음

인간이라면 누구나 행복하게 살기를 원하고, 또 행복하게 살아야할 권리가 있다. 그러므로 우리는 가끔 행복이 무엇일까 궁금해질 때가 있어 자신에게 질문을 던져 본다. 내가 잘 살고 있는지, 행복한 삶을 살고 있는지 자못 궁금해진다.

어떤 사람이 행복을 찾아 길을 떠났다. 그러던 중 시간이 없다며 쩔쩔매는 이를 만나 그에게 물었다.

"왜 그리 바쁘게 사십니까?"

그의 대답은 행복하기 위해서였다.

행복을 찾아 길을 떠난 어떤 이가 이번에는 많은 돈을 가지고도 악착같이 돈을 벌려는 이에게 물었다.

"왜 그렇게 많은 돈이 필요합니까?"

그의 대답은 행복하기 위해서였다.

그리고 많은 권력을 가지고도 만족하지 못하는 정치인에게 물었다.

"왜 그렇게 큰 권력이 필요합니까?"

그의 대답은 행복하기 위해서였다.

도대체 행복이 어떤 것이기에 모두들 '행복 행복' 하는지 궁금했다. 나이 지긋한 철학자에게 물었다.

"행복이 무엇입니까?"

그는 "그것을 알기 위해서 평생을 공부했지만 아직도 잘 모르겠다."고 하였다.

이번에는 수십 개의 계열사를 가진 대기업 회장에게 물었다.

"행복이 무엇입니까?"

그는 대답하기를 "그것을 알기 위해 평생 돈을 벌었지만 아직도 행복하지 못하다."고 했다.

많은 신도들로부터 존경을 받는 목사님께도 물었다.

"행복이 무엇입니까?"

그는 대답하기를 "그걸 알기 위해 평생을 기도했지만 아직도 응답이 없다."고 했다.

참으로 답답한 일이었다. 행복을 찾기 위해 많은 사람을 만났지만 해답을 찾지 못하고 돌아오는 길에 추운 거리에서 적선을 기다리는 걸인을 만났다. 폐일언하고 물었다. "행복이 뭐냐"고.

그의 대답은 간단했다. "오늘 저녁 먹을 끼니와 잠잘 곳만 있으면 행복한 것 아니냐."고….

그렇다. 행복은 먼 곳에 있지도 않고 미래에 있지도 않고, 돈으로 살 수 있는 것도 아니고, 어디서 훔쳐 올 수 있는 것도 아니다. 다만 우리 마음속에 있을 뿐이다.

인간은 누구나 행복할 권리가 있다. 그것을 포기하는 자만이 불행을 자초하는 것이다. 행복에 조건을 달지 말자. 조건을 붙이면 진정한 행복은 멀어진다. 지나치게 행복해지려고 애쓰다 보면 오히려 더 비참해질 수도 있다.

어느 드라마에서 주인공이 했던 말이 떠오른다.

"우리 엄마가 행복해지려고 그렇게 욕심을 부리지 않았더라면 지금보다 훨씬 더 행복해져 계실 텐데…."

그렇다. 행복은 욕심만으로 얻어지는 것이 아니라 때로는 그저 자신이 행복하다는 사실을 잊지 않는 것만으로도 행복해질 수 있다.

03

—

🌱

행복은 어디에 있을까?

많은 사람들은 행복을 재물과 소유에서 찾으려고 한다. 그러나 행복은 재물과 소유에 있지 않다. 지혜의 왕 솔로몬은 "은을 사랑하는 자는 은으로 만족함이 없고 풍부를 사랑하는 자는 소득으로 만족함이 없나니 이것도 헛되도다."라고 했다.

파스칼은 "이 세상에서 제일 행복한 사람은 마음에 하나님을 모시고 사는 사람이다."라고 했다. 존 웨슬리는 "하나님을 떠나서는 행복이란 없다."고 했으며, 아브라함 링컨도 "행복은 우리 안에 있는 것이 아니다. 그렇다고 우리 밖에 있는 것도 아니다. 행복은 우리가 하나님과 연합하는 데 있다."라고 하였다.

결국 생명이요 구원이요 천국이신 예수 그리스도를 마음속에 영접하고 예수 그리스도와 한 생명 되어 그분의 마음과 생각으로 사는 것이 행복이다.

나는 항암 치료를 받으며 죽음의 고통과 아픔과 좌절을 딛고 일어서서 행복한 삶을 살게 된 비결이 있다. 내가 터득한 행복의 비결인데, 그것은 다른 사람을 기쁘고 행복하게 할 때 곧 내가 기쁘고 행복해진다는 진리이다. 내가 행복해지려고 하면 결코 행복해질 수 없다. 이기적인 삶에는 행복이 없으며 이타적인 삶에 행복이 있기 때문이다.

당신이 다른 사람을 위해 살 때 당신은 더 많은 즐거움과 행복을 얻게 될 것이다. 자신만이 행복해지려고 한다면 결코 행복해질 수 없다. 다른 사람을 행복하게 하면 당신도 행복해지고 다른 사람을 기쁘게 하면 당신도 기뻐지는 것이다.

나는 죽음 앞에서 다시 찾은 생명, 나의 행복을 위해 살고자하지 않는다. '어떻게 하면 다른 사람에게 좋은 일을 할까?', '어떻게 하면 다른 사람을 기쁘고 행복하게 할까?', '어떻게 하면 이 세상을 행복하게 할까?'를 먼저 생각한다. 이것만이 우리 모두가 행복해지는 비결이기 때문이다.

04

🌱

마음속에 있는 행복

모든 행복과 불행은 자신의 마음가짐에 달려 있다. 행복이란 밖에서 오는 행복도 있지만 자기 마음 안에서 향기처럼, 꽃향기처럼 피어나는 행복도 있다. 마음은 행복을 담는 그릇이다. 가진 것이 부족해도 행복한 사람이 있다. 김치 한 조각으로 밥을 맛있게 먹고, 누더기 옷 한 벌인데도 입으면 빛이 나고, 낡은 성경 한 권을 가졌을 뿐이지만 위대한 영혼을 가진 사람이 있다.

행복은 무엇일까?

우리와 함께하는 것들, 즉 가족, 친구, 숨 쉬는 공기, 나무, 자연에 대한 고마운 마음…. 행복은 우리와 함께하는 것들의 가치를 아는 것이다.

행복은 어디서 오는 걸까?

행복은 멀리 있지 않고 바로 마음에서 생겨난다. 그 마음의 뿌리는 내 안에 계신 예수 그리스도이다. 예수 그리스도의 마음이다. 행복을 좇는 자는 결코 행복을 잡을 수 없으며 생활에 충실하고 성실한 자만이 행복을 누릴 수 있다.

하나님께서 인간을 처음 창조하셨을 때 행복을 주셨다. 그런데 인간은 그 행복을 제멋대로 사용했다. 그래서 천사장은 행복을 회수하기로 결심했다. 천사들은 행복을 어디에 숨겨 놓아야 할지에 대해 의논했다.

한 천사가 제안했다.

"저 깊은 바다 밑에 숨겨 놓으면 어떨까요?"

천사장이 고개를 흔들었다.

"그건 안 돼. 인간은 머리가 비상하기 때문에 바닷속쯤은 금방 뒤져서 찾아낼 거야."

"그러면 저 산꼭대기 절벽 위에 숨겨 놓으면 어때요?"

"인간의 탐험 정신 때문에 아무리 높은 산 절벽 위에 숨겨 두어도 찾아내지."

한참 고민하며 의논한 끝에 결론을 내렸다.

"인간의 마음속에 숨겨 두기로 합시다. 아무리 저들의 두뇌가 비상하고 탐험심이 강해도 자기들 마음속에 숨겨져 있는 것은 좀처럼 찾아내기 어려울 거요. 그래도 찾아내면 그 사람은 행복을 누릴 자격이 있지요."라며 인간의 마음속에 행복을 숨겨 놓았다.

행복은 마음속에 있기에 우리는 스스로의 마음속에서 행복을 찾아내야 한다. 행복과 불행은 마음먹기에 달려 있으며 행복은 내 안에 숨겨져 있다.

일찍이 지혜의 왕 솔로몬은 "무릇 지킬 만한 것보다 네 마음을 지키라. 생명의 근원이 이에서 남이니라."(잠4:23)고 했다. 마음에 행복이 있고 기쁨이 있기에 빈 마음, 공허한 마음으로는 행복해질 수 없다. 행복의 근원이시고 천국이신 예수 그리스도를 마음에 모셔들이면 그분으로 인해 행복해지는 것이다. 왜냐하면 예수 그리스도 안에 지혜와 지식의 모든 보화와 행복이 감추어 있기 때문이다. 이것이 하나님의 은혜요 축복이요 복음이다.

05

행복은 언제나 내 안에

고요하게 흐르는 물줄기처럼 마음속에도 천천히 부드럽게 흘러가는 편안함이 있다면 바로 그것이 행복일 것이다. 행복은 멀리 있는 것이 아니라, 가까이 아주 가까이 내가 미처 깨닫지 못하는 속에 존재하는 것이다. 우리 모두는 행복하기 위해 살아가고 있음에도 불구하고 행복보다는 불행하다고 여겨질 때가 많다.

또한 남들은 행복한 것 같은데 나만 불행하다고 느껴질 때도 많다. 그러나 사람은 다 똑같다. 어느 정도의 차이는 있겠지만 누구나 행복을 추구하고 누구나 행복을 바라며 언제나 행복을 찾고 있다. 그러나 모르는 것 한 가지가 있는데, 그것은 욕심을 버리지 못함으로 행복을 얻지 못한다는 사실이다.

내가 좀 더 주면 될 것을….

내가 조금 더 손해 보면 될 것을….

내가 좀 더 노력하면 될 것을….

내가 좀 더 기다리면 될 것을….

내가 조금 더 움직이면 될 것을 말이다.

　사람의 욕심은 끝이 없기에 주기보다는 받기를 바라고 손해보다는 이익을 바라며 노력하기보다는 행운을 바라고 기다리기보다는 한순간에 얻어지길 바란다. 그렇기에 늘 행복하면서도 행복하다는 것을 잊고 살 때가 많다. 굳이 행복을 찾지 않아도 이미 행복이 자기 속에 있는 걸 발견하지 못하는 것이다.

　오늘 잠시 시간을 내어 자신의 내면을 들여다보자. 과연 어떤 마음을 품고 있는지, 잘못된 행복을 바라고 있지는 않는지 말이다. 이제부터라도 작은 행복부터 만들어 가고 소중히 여길 줄 아는 지혜로운 사람이 된다면 당신도 행복해질 수 있다.

06

🌱

행복의 씨앗을 심어라

많이 뿌리면 많이 거두고 적게 뿌리면 적게 거두고 뿌린 것이 없으면 거둘 것이 없다. 자연의 법칙 중에 심는 대로 거두는 법칙이 있다. 콩 심은 데 콩 나고 팥 심은 데 팥 나는 것처럼 무엇을 심느냐에 따라 그것을 거두게 된다.

계속 실패만 거듭하면서 불행하게 살아가던 한 젊은이가 있었는데, 그가 어느 날 꿈속에서 아주 큰 성공을 거두고 아주 행복하게 살아가고 있는 것으로 알려진 한 친구를 만났다. 그러자 그는 그 친구에게 이같이 행복해진 사연을 물어보았다. 그랬더니 그 친구가 이렇게 말하는 것이었다.

"어디어디에 가면 행복의 비결을 파는 가게가 있다기에 어느 날 내가 직접 그곳을 찾아가서 행복의 비결을 사 왔다네. 그 후부터 나는 정말 행복해졌고 아주 행복한 삶을 살게 되었어. 자네도 어서 빨리 그 가게에 한번 다녀오게나. 그럼 자네도 틀림없이 행복한 삶을 살 수 있게 될 걸세.”

그 말을 들은 젊은이는 조금도 망설이지 않고 그 친구가 가르쳐 준 곳으로 행복의 비결을 사기 위해 즉시 여행을 떠났다. 드디어 행복의 비결을 판다는 가게에 도착한 그는 큰 소리로 외쳤다.

“어르신, 어서 빨리 행복의 비결을 주십시오. 저는 불원천리 행복의 비결을 사기 위해 이곳까지 달려왔습니다. 어서 행복의 비결을 주십시오.”

그러자 그 말을 들은 가게 주인은 미소를 지으면서 이렇게 말하는 것이었다.

“여보시오. 젊은 양반, 젊은 양반께서는 뭔가 잘못 아신 것 같은데 우리 가게에서는 행복의 비결을 팔고 있지 않습니다. 다만 우리 가게에서는 행복이라는 열매가 열릴 수 있는 씨앗만 판매하고 있습니다.”

그 말을 듣는 순간, 그 젊은이는 비로소 진정한 행복이란 것이 무엇인지 깨닫게 되었다.

그렇다. 오늘날 안타깝게도 우리 주위에는 행복의 씨앗은 심지 않고 열매만 따려고 하는 많은 사람들을 만나 볼 수 있다. 그러나 심지 않는다면 어디에서 어떤 열매가 열릴 수 있겠는가. 괴테는 “기쁘게 일하고 해 놓은 일을 기뻐하는 사람은 행복하다.”고 했다.

한 송이의 장미는 그저 그렇게 아름답게 피는 것은 아니며, 한 송이의 들국화도 그저 그렇게 아름답게 피는 것은 결코 아니다. 이 세상에 공짜는 없다. 행복은 어느 날 하늘에서 갑자기 떨어지는 것이 아니라, 자기 스스로의 노력을 통해서 만들어지는 것이며 행복의 씨앗을 심은 데서 행복의 열매를 거두는 것이다.

07

행복의 씨앗

심은 대로 거두는 것이 자연의 법칙이다. 행복의 열매를 얻으려거든 행복의 씨앗을 뿌려야 한다. 선의 씨앗을 심으면 복을 얻고, 악의 씨앗을 심으면 화를 얻는다. 씨앗을 심지 않고는 어떤 열매도 얻을 수 없다.

무엇이 행복의 씨앗일까?

세상에서 가장 값진 것은 사랑을 나눌 줄 알고 베풀 줄 아는 넉넉한 마음이다. 세상에서 가장 소중한 것은 작은 것이라도 아끼고 소중히 여길 줄 아는 검소함이다.

세상에서 가장 소중한 것은 사랑이다. 부모 자식 간의 사랑, 부부의 사랑, 연인들의 사랑, 친구 간의 사랑, 이웃 간의 사랑…. 사랑이 없는 곳에는 웃음과 행복이 없기 때문이다.

세상에서 가장 아름다운 소리는 '당신을 사랑합니다. 그리고 당신이 있어 행복합니다.'라는 말이다. 이 모든 것들이 행복의 씨앗이 되어 행복이 자라며 행복의 꽃이 피며 행복의 열매를 맺는 것이다.

오늘 불행한 사람은 행복의 씨앗을 뿌리지 않은 사람이다. 그렇다고 낙담하지 말라. 오늘 당신의 행복을 위해서 행복의 씨앗을 심으라. 그러면 머지않아 행복해질 테니까.

이 세상의 모든 것은 행복의 씨앗들이며 행복의 재료들이다. 행복의 씨앗을 심어 보자. 반드시 행복의 싹을 틔우고 행복의 꽃을 피우고 행복의 열매를 맺게 될 것이다.

08

잡초를 없애는 방법

농사짓는 분들은 잡초와의 전쟁을 벌인다. 뽑아도 뽑아도 또 올라오는 잡초는 골칫거리가 아닐 수 없다. 이와 같이 우리 마음속에도 원치 않는 잡초들, 즉 미움, 시기, 질투, 욕심 등이 끊임없이 돋아나고 있다. 이 잡초를 근본적으로 제거하는 방법은 무엇일까?

한 철학자가 오랫동안 가르쳐 온 제자들을 떠나보내며 마지막 수업을 하기로 했다. 그는 제자들을 데리고 들판으로 나가 빙 둘러앉았다. 철학자는 제자들에게 물었다.

"우리가 앉아 있는 이 들판에 잡초가 가득하다. 어떻게 하면 잡초를 모두 없앨 수 있느냐?"

제자들은 학식이 뛰어났지만 한 번도 이런 문제에 대해 생각해 보지 않았기에 그들은 모두 건성으로 대답했다.

"삽으로 땅을 갈아엎으면 됩니다."

"불로 태워 버리면 좋을 것 같습니다."

"뿌리째 뽑아 버리면 됩니다."

철학자는 제자들의 대답에 고개를 끄덕이고는 자리에서 일어나 말했다.

"이것은 마지막 수업이다. 모두 집으로 돌아가서 자신이 말한 대로 마음속의 잡초를 없애 보거라. 만약 잡초를 없애지 못했다면, 일 년 뒤에 다시 이 자리에서 만나기로 하자."

일 년 뒤, 제자들은 무성하게 자란 마음속 잡초 때문에 고민하다가 다시 그곳으로 모였다. 그런데 예전에 잡초로 가득했던 들판은 곡식이 가득한 밭으로 바뀌어 있었다. 스승의 모습은 보이지 않았고 이런 글귀가 적힌 팻말 하나만 꽂혀 있었다.

"들판의 잡초를 없애는 방법은 딱 한 가지뿐이다. 바로 그 자리에 곡식을 심고 가꾸는 것이다. 마찬가지로 마음속에 자라는 잡초는 선한 마음으로 어떤 일을 실천할 때 뽑아낼 수 있다."

그렇다. 행복의 씨앗을 심으면 불행이라는 잡초는 사라지게 된다. 감사의 씨앗을 심으면 불평이라는 잡초는 사라진다. 사랑이란 씨앗을 심으면 미움이라는 잡초는 사라지게 된다. 나눔이라는 씨앗을 심으면 욕심이란 잡초는 사라진다. 긍정이란 씨앗을 심으면 부정이란 잡초는 사라진다. 칭찬이란 씨앗을 심으면 비난이란 잡초는 사라진다. 좋은 씨앗들을 심으라. 그리고 삶에 실천하라. 그러면 잡초는 사라지고 행복이 무성하게 자라날 것이다.

내 은사이시며 한국성서대학교 설립자이신 일립 강태국 박사님의 명언이다.

"당년에 거두려거든 곡초를 심고 십 년에 거두려거든 나무를 심으라. 백 년에 거두려거든 사람을 심고 영원히 거두려거든 복음을 심으라."

나는 이 명언을 마음 깊이 새기며 밀알 정신으로 살아가고 있다. 그래서 영원히 거두려고 행복한 천국복음을 전하고 또 전하며 내 삶을 바치고 있다.

09

가장 행복하다고 느끼는 사람들

이 세상에서 가장 행복하다고 느끼는 사람들은 어떤 사람들일까? 대부분 사람들은 돈 많은 사람, 아니면 많이 배운 사람, 아니면 건강한 사람일 것이라고 생각할 것이다. 그러나 인류의 역사에서 가장 행복하다고 느끼는 사람들은 외형적인 조건에 기인하지 않고 오히려 힘들고 어려운 환경에서 행복을 느끼고 있다는 사실이다.

나는 건강도 좋지 않고 깨어진 질그릇 조각처럼 신체적 약함을 가지고 있지만 교도소, 군부대, 복지시설, 교회, 대학 등 다양한 곳에서 재능기부 강연 활동을 하며 남들이 느끼지 못하는 행복한 삶을 살고 있다.

미국 갤럽연구소가 18개국 국민을 대상으로 행복지수를 조사한 결과, 아이슬란드인들이 1위를 차지했다. 추운 북대서양에 고립되어 사나운 바다와 싸워야 하고, 겨울에는 밤이 20시간씩 계속되며 물고기를 잡으며 살아가는 인구 33만여 명에 불과한 나라의 사람들이 행복하다고 생각하는 비결은 무엇일까?

아이슬란드 대학교의 사회학자 소르린드 교수는 그 이유를 다음과 같이 설명한다. "행복의 비결은 생활의 안락함이 아니라 오히려 불편함에 있다고 믿고 있습니다. 불편함 속에서도 아이슬란드인들은 자신들이 가진 환경을 즐길 줄 아는 것입니다."

참 아이러니하지 않은가? 그 어려운 환경에서도 가장 행복하다고 느끼는 아이슬란드인들은 우리로 하여금 많은 것을 생각하게 한다. 우리는 사계절이 뚜렷한 아름다운 금수강산이라는 좋은 환경을 누리고 있고 국민소득 3만 1천 달러 시대에 살고 있지만 그래도 행복지수는 여전히 낮은 실정이다.

유엔 자문기구인 '지속가능 발전해법 네트워크'가 발표한 2018년 세계 행복 보고서에서 국민행복지수는 1위는 덴마크, 우리나라는 150개국 중에서 58위를 차지했다. 행복은 결코 어떤 외형적인 조건에 기인하지 않고 내 마음속에서 이루어지며 만들어지는 것이다.

10

🌱

하나님이 주신 두 가지 선물

하나님이 우리에게 주신 두 가지 선물은 '눈물'과 '웃음'이다. 눈물에는 치유의 힘이 있다. 아플 때나 슬플 때 그리고 억울할 때 눈물이 난다. 눈물을 펑펑 흘리고 나면 속이 후련함을 느끼는데, 이는 눈물에 치유의 효과가 있기 때문이다. 그래서 대체의학 중에 눈물 치료라는 치유요법이 있다.

웃음에는 건강이 담겨 있다. 기쁠 때 몸 안팎으로 드러나는 가장 큰 행동이 웃음이다. 웃으면 뇌에서 엔도르핀과 같은 신경전달 물질들이 분비되어 건강하고 행복하게 한다. 그래서 웃으면 건강해진다. 웃으면 행복해진다. 웃으면 복이 온다.

우리의 마음속에는 특별한 스위치가 있다. 오직 자신만이 켜고 끌 수 있는 행복 스위치이다. 지금 내가 기쁘고 즐겁고 행복하지 않다면 나도 모르게 그 스위치를 꺼 놓고 있는 건 아닐까? 한 번쯤은 자신의 마음속을 들여다볼 일이다.

행복은 누리고 불행은 버리는 것이다. 소망은 좇는 것이고 원망은 잊는 것이다. 기쁨은 찾는 것이고 슬픔은 견디는 것이다. 건강은 지키는 것이고 병마는 버리는 것이다. 사랑은 끓이는 것이고 미움은 삭이는 것이다. 가족은 보살피는 것이고 이웃은 어울리는 것이다. 자유는 즐기는 것이고 속박은 날려 버리는 것이다.

기쁨과 웃음이 행복이다. 행복은 누가 만들어 줄까? 그것은 바로 당신 자신이다. 당신의 미소로 마음속 행복 스위치를 다시 켜 보라. 밝고 환한 행복이 켜질 것이다.

11

힐링에서 행복으로

로버트 인젠솔은 "행복을 즐겨야 할 시간은 지금이다. 행복을 즐겨야 할 장소는 여기다."라고 했다.

'웰빙'이란 몸과 마음의 편안함과 행복을 추구하는 태도나 행동을 말한다. 한동안 이 '웰빙'이라는 단어가 한창 유행하다가 이제는 '힐링'이라는 단어가 대세이다. '힐링'이란 사람들의 지친 몸과 마음을 치유하는 것을 뜻한다. 차 한 잔을 마셔도 길을 걸어도 힐링이다.

한 방송 프로그램은 아예 〈힐링 캠프〉라는 타이틀을 걸고 있기도 하였었다. 이렇게 힐링이 우리 사회의 대세인 것은 이 시대를 살아가는 모든 사람들이 상처 입은 가슴을 부둥켜안고 어찌할 바를 모르고 살고 있다는 방증임에 틀림이 없다. 그래서 어느 시인은 "이 시대의 사람들은 눈물의 국에 상처의 밥을 말아 먹고 산다."고 시대의 상황을 표현하기도 한다.

그러나 이제는 힐링에서 '행복'이라는 단어로 패러다임이 넘어가는 듯하다. 행복이란 생활에서 기쁨과 만족감을 느껴 흐뭇한 상태를 의미한다. 이에 따라 이 땅에서 행복하게 살기 위한 '웰 리빙'과 세상을 떠날 때도 잘 떠나는 '웰 다잉'이라는 단어가 새롭게 대두되고 있다. '웰 다잉'은 살아온 날을 정리하고 아름다운 죽음을 준비하는 행위를 일컫는다. 한마디로 잘 살다가 잘 떠나는 것이 진정한 행복이라는 것이다.

　이 주제를 놓고 생각을 정리해 보면 성경이 그렇게 좋을 수 없다. 왜냐하면 우리의 죄를 위해 십자가에 죽으시고 부활하시고 승천하셔서 우리 죄를 다 탕감받으시고 하늘과 땅의 모든 권세를 가지시고 오순절 날 성령과 함께 오셔서 내 안에 들어오시는 예수 그리스도만 믿으면 웰 리빙은 물론 웰 다잉을 누릴 수 있기 때문이다.

　그리고 포스트 웰 다잉의 행복 상황인 영생을 누리는 비결까지도 구체적이고 상세하게 밝혀 놓은 매뉴얼이 성경이기 때문이다. 그래서 진정한 행복의 비결이 기록된 성경을 어떻게 하면 세상 사람들이 좀 더 쉽고 흥미 있게 이해할 수 있도록 할 것인가 하는 고민이 점점 커져 가는 요즈음이다.

　그래서 나는 웃음행복대학을 설립하여 강의를 통해 행복을 전하여 청중들로 하여금 행복한 천국을 누리게 하고 있으며, 행복바이러스와 천국복음을 전파하기 위해 사회안전망의 제일 밑바닥인 교도소와 구치소 등 다양한 곳에서 행복 만들기 강의를 하고 있다.

HAPPINESS..

PART 02

행복의 뿌리

행복이라는 나무가 뿌리를 내리는 곳은 비옥한 땅이 아니라, 오히려 절망과 좌절이라는 돌멩이로 뒤덮인 황무지일 수 있다. 한 번쯤 절망에 빠져 보지 않고서 어찌 행복의 진정한 값을 알 수 있겠는가? 절망과 좌절은 참된 행복을 이루기 위한 준비 과정일 뿐이다.

01
—

🌱

행복 만들기

내 가정은 참 행복한 가정이다. 가정이 행복해지는 데는 많은 시간과 날들이 필요하지 않다. 9일 정도면 충분하다. 9일 동안 가족들을 위해 사랑하고 헌신하며 희생해 보라. 반드시 행복한 가정으로 변화됨을 경험하게 될 것이다. 어디든지 사랑이 있고 희생이 있고 헌신이 있는 곳에 행복의 꽃은 피어나기 때문이다.

어느 날 한 부인이 자신의 가정생활을 비관하며 하나님을 향해 간절히 빌었다.

"하나님! 빨리 천국에 가고 싶어요. 정말 힘들어요."

그날 밤, 부인의 꿈에 갑자기 하나님이 나타나 말씀하셨다.

"살기 힘들지? 네 마음을 이해한다. 이제 네 소원을 들어줄 텐데 그 전에 몇 가지 내 말대로 해 보겠니?"

그 부인이 "예!"라고 하자 하나님이 말씀하셨다.

"애야! 집 안이 너무 지저분한 것 같은데 네가 죽은 후 마지막 정리를 잘하고 갔다는 말을 듣도록 집 안 청소 좀 할래?"

그 후 며칠 동안 그녀는 열심히 집 안을 청소했다.

3일 후, 하나님이 다시 와서 말씀하셨다.

"애야! 애들이 맘에 걸리지? 네가 죽은 후 애들이 엄마가 우리를 정말 사랑했다고 느끼게 3일 동안 최대한 사랑을 주어 볼래?"

그 후 3일 동안 그녀는 아이들을 사랑으로 품어 주고, 정성스럽게 요리를 만들어 주었다.

다시 3일 후, 하나님이 말씀하셨다.

"이제 갈 때가 됐다. 마지막 부탁 하나 하자! 너, 남편 때문에 상처 많이 받고 미웠지? 그래도 장례식 때 '참 좋은 아내였는데….'라는 말이 나오게 3일 동안 남편에게 최대한 친절하게 대해 줘 봐라."

마음에 내키지 않았지만 천국에 빨리 가고 싶어 그녀는 3일 동안 최대한 남편에게 친절을 베풀어 주었다.

다시 3일 후, 하나님이 말씀하셨다.

"이제 천국에 가자! 그런데 그 전에 네 집을 한번 돌아보려무나."

그래서 집을 돌아보니 깨끗한 집에서 오랜만에 애들 얼굴에 웃음꽃이 피어 있었고, 남편 얼굴에 흐뭇한 미소가 번져 있었다. 그 모습을 보니 결혼 후 처음으로 내 집이 천국이구나 하는 생각이 들어 천국으로 떠나고 싶지 않았다.

행복의 뿌리

부인이 말했다.

"하나님! 갑자기 이 행복이 어디서 왔죠?"

하나님이 말씀하셨다.

"지난 9일 동안 네가 만든 거야!"

그때 부인이 말했다.

"정말이요? 그러면 이제부터 여기서 천국을 만들어 가며 살아 볼래요."

하나님은 "그럼 그렇게 하려무나!"라고 하셨다.

톨스토이는 "가정을 잘 경영하지 못하는 여자는 집에 있어서도 행복하지 않다. 그리고 집에 있어서 행복하지 못한 여자는 어디로 가든지 행복할 수 없다."고 했다. 9일 동안 행복 만들기는 언제 어디서든 누구에게나 가능하다. 사랑과 섬김이 있는 곳에 행복이 만들어지며 아름다운 천국이 이루어지기 때문이다.

이혼율이 급증하는 이 시대에 아름다운 가정 천국을 만들어 보자. 사랑과 헌신과 희생으로 말이다. 그러나 내가 사랑하려고 하거나 또는 희생하고 헌신하려고 노력해서 얻어지는 것은 아니다. 타락한 우리 본성으로 사랑하면 얼마나 하며 희생하고 헌신하면 얼마나 하겠는가? 그래서 작심삼일이라는 말도 있지 않은가?

우리는 구해야 한다. 내게 하나님의 사랑과 예수 그리스도의 십자가의 사랑을 부어 달라고. 그리고 기쁨의 생수를 부어 달라고 구해야 한다. 하나님의 사랑이 부어지고 십자가의 사랑을 깊이 깨닫고 기쁨의 생수가 부어지면 자연적으로 사랑하게 되고 헌신하며 희생하게 된다. 내가 하는 것이 아니라 내 안에 계신 그리스도께서 하게 하시는 것이다. 이것이 바로 내 행복 만들기요 천국 만들기이다.

02

—

행복의 파랑새

존 베리는 "낙원의 파랑새는 자신을 잡으려 하지 않는 사람의 손에 날아와 앉는다."라고 했다. 많은 사람들은 헛된 꿈을 꾸며 행복의 파랑새를 찾고 있다. 행복이 어디에 있을까 여기저기를 뒤적이며 찾아보지만 결국 찾지 못한 채 공허함만 느끼고 불평하고 원망한다. 그러나 행복의 파랑새는 오직 천국복음 안에 있다. 천국복음을 깨닫는 자는 행복의 파랑새를 붙잡게 될 것이다.

「파랑새」는 벨기에의 작가 모리스 마테를링크가 아동극을 위해 쓴 희곡 작품이다. 산골 마을의 가난한 나무꾼의 아이들인 틸틸과 미틸에게 어느 날 밤, 요정이 찾아왔다. 요정은 병든 여자아이의 행복을 위해 파랑새를 찾아 줄 것을 부탁하며 사물의 참모습을 볼 수 있는 다이아몬드가 달린 마법 모자를 건네주었다.

틸틸과 미틸은 요정의 부탁을 들어주기로 마음먹고 마법으로 볼 수 있게 된 영혼들과 함께 파랑새를 찾아 여행을 떠난다. 기억의 나라, 밤의 궁전, 사치의 궁전, 미래의 궁전을 차례로 방문하면서 생각지도 못했던 신기한 일들을 겪는 모험을 하게 된다. 그러나 결국 오누이는 파랑새를 찾지 못하고 오두막으로 돌아온다.

틸틸과 미틸은 요정들과 작별을 하고 여행을 떠나기 전처럼 침대로 돌아와 잠이 들었다. 꿈같은 밤이 지나고 아침에 눈을 떴을 때 둘은 새장 안에 있던 새가 어젯밤보다 더 파랗게 된 것을 보았다. 틸틸과 미틸이 밤새 찾아다녔던 파랑새가 늘 함께 있던 그 새였던 것이다.

파랑새를 찾아 행복해진 여자아이와 오누이가 새장에서 파랑새를 꺼내 만지려 하자 파랑새는 멀리멀리 날아가 버렸다. 한참을 바라볼 수밖에 없었지만 틸틸의 가슴속에는 무언가 벅찬 감정이 남아 있었다.

사도 바울은 "너희 안에 이 마음을 품으라. 곧 그리스도 예수의 마음이라."고 했다. 예수 그리스도의 마음을 품으면 언제나 어떤 환경 속에서도 만족할 수 있다. 아니, 내 안에 계신 그리스도께서 나를 만족하고 감사하고 행복하게 해 주신다. 예수 그리스도와 한 생명 된 자는 예수님의 마음과 생각으로 살아야 한다. 이것이 복음의 삶이요, 하나님의 뜻을 이루는 삶이요, 행복한 삶이다.

03

행복이 뿌리내리는 곳

나는 비록 긴 세월의 인생은 아니지만 두 차례에 걸쳐 절망과 좌절, 아픔과 실패의 경험을 가지고 있다. 첫째는 질병의 고통으로 인한 죽음 앞에서의 절망이요, 둘째는 목회사역의 위기와 실패로 좌절감을 겪은 일이다. 당시에는 고통이요 두려움이요 막막함이었으나 지금 돌이켜 생각해 보면 그 일로 인해 오히려 오늘의 멋진 사역을 하고 있으며 행복을 누리고 있다.

세계에서 두 번째로 긴 북아메리카의 로키산맥 3,000미터 높이에는 수목 한계선이 있다. 나무가 살 수 있느냐 없느냐의 한계선이다. 이 지대의 나무들은 너무나 매서운 칼바람과 눈보라 때문에 위로 곧게 자라지 못하고 마치 사람이 무릎을 꿇고 있는 모습을 한 채로 살아간다. 그런데 세계에서 가장 공명이 잘 되는 명품 바이올린은 바로 이 무릎 꿇은 나무로 만들어진다.

모진 눈보라를 견디기 위해 무릎을 꿇어야 하는 나무같이 우리 삶도 이와 다를 것이 없다. 고통 없이 살아온 사람에겐 사람의 향기가 나지 않는다. 깊이 있는 사람, 향기가 진한 사람은 한겨울 눈보라와 같은 절망과 좌절과 실패를 견디고 일어선 사람이다. 우리는 어쩌면 하루하루 매서운 바람과 눈보라 속에서 각자의 삶을 연주하고 있는 것이다.

행복이라는 나무가 뿌리를 내리는 곳은 결코 비옥한 땅이 아니라, 오히려 어떻게 보면 절망과 좌절이라는 돌멩이로 뒤덮인 황무지일 수도 있다. 한 번쯤 절망에 빠져 보지 않고서 한 번쯤 좌절을 겪어 보지 않고서 우리가 어찌 행복의 진정한 값을 알 수 있겠는가?

절망과 좌절이라는 것은 우리가 참된 행복을 이루기 위한 준비 과정일 뿐이다. 따라서 지금 절망스럽다고 실의에 잠겨 있는 것은 어리석은 일이다. 지금 잠깐 좌절을 겪었다고 해서 내내 한숨만 쉬고 있는 것은 더욱 어리석은 일이다.

절망과 좌절이라는 것이 설사 우리 삶에 바윗덩어리와 같은 무게로 짓눌러 온다 하더라도 그것을 무사히 들어내기만 한다면 그 밑에는 틀림없이 눈부시고 찬란한 행복이라는 싹이 고개를 내밀고 있음을 발견하게 될 것이다. 내가 그 경험자이기에 자신 있게 말할 수 있다.

04

—

🌱

함께 나누는 행복

음식에는 세 가지가 있는데 살려고 먹는 음식이 있고, 일하려고 먹는 음식이 있으며, 놀이하며 먹는 음식이 있다. 놀이하며 먹는 음식은 잔칫집에서 먹는 음식인데, 잔치는 먹는 축제이다. 그러므로 먹을 것이 없으면 잔칫집이라고 할 수 없다. 예수님은 천국을 잔치하는 세계라고 소개하셨다.

먹는 음식마다 그 의미가 다르다. 살기 위해 먹는 음식은 혼자 먹어도 된다. 일하기 위해 먹는 음식 역시 혼자 먹을 수 있다. 그러나 놀이하기 위한 음식은 혼자 먹을 수 없다. 잔치 음식은 나누어 먹을수록 축제 분위기가 고조된다. 음식 중에서도 최고의 음식은 단연 잔치 음식이다. 잔치 음식은 나누어 먹어야 더욱 맛있고 밥맛이 생긴다.

오늘날 많은 사람들이 밥맛이 없다고 느끼는 이유는 바로 독점하기 때문이다. 혼자 먹으면 밥맛이 나지 않는다. 삶의 맛은 공동으로 나누어 먹을 때 생기는 것이다.

초대교회는 나눔의 공동체였다. 그들은 모두 함께 지내며 자신의 소유를 공동의 소유로 내어놓고 재산과 물건을 팔아서 모든 사람에게 필요한 만큼 나누어 주었다. 그리고 한마음이 되어 날마다 열심히 성전에 모였으며 집집마다 돌아가면서 같이 나누고 순수한 마음으로 기쁘게 음식을 먹으며 하나님을 찬양했다.

나는 이제 어느 정도 건강하고 즐겁고 행복하게 강연 활동과 봉사 활동을 하고 있으며 아내와 두 딸들도 건강하고 행복하게 직장 생활을 하고 있다. 우리 가족은 모두가 행복하며 가정의 천국을 누리며 살고 있다.

돈과 행복은 비례하는 것이 아니며, 아픔도 기쁨도 함께 나눌 수 있는 가족이 곁에 있다는 것이 가장 큰 행복이라는 것을 말해 주고 싶다. 함께 나누어 먹는 음식이 행복한 것처럼 함께 나누는 삶이 행복한 삶이다.

05

행복한 사람과 불행한 사람

라 로시코프는 "사람이란 자기가 생각하는 만큼 결코 행복하지도 불행하지도 않다."고 했다. 이 세상에는 많은 사람들이 있지만 행복한 사람이 있고 불행한 사람이 있다. 당신은 행복한 사람인가? 아니면 불행한 사람인가? 이 글을 읽으면서 한번 점검해 보면 좋을 것 같다.

행복한 사람은 남을 위해 기도하지만, 불행한 사람은 자기만을 위해 기도한다.

남의 이야기를 열심히 들어 주는 사람은 행복한 사람이지만, 했던 말을 반복하는 사람은 불행한 사람이다.

남의 칭찬을 자주 하는 사람은 행복한 사람이지만, 자기 자랑을 하는 사람은 불행한 사람이다.

일을 보람으로 아는 사람은 행복하지만, 의무로 아는 사람은 불행하다.

언제나 싱글벙글 웃으며 말하는 사람은 행복하지만, 투덜대는 사람은 불행하다.

평생 고마웠던 일만 마음에 두는 사람은 행복하지만, 섭섭했던 일만 마음에 담는 사람은 불행하다.

남이 잘되는 것을 축복하고 위로하는 사람은 행복하지만, 남이 잘되면 배 아파하고 실패하면 통쾌해하는 사람은 불행하다.

행동으로 보여 주는 사람은 행복하지만, 말로 보여 주는 사람은 불행하다.

자신에게 엄격하고 남에게 부드러운 사람은 행복하지만, 자기에게 후하고 남에게 가혹한 사람은 불행하다.

감사하는 마음으로 먹는 사람은 행복하지만, 불평으로 먹는 사람은 불행하다.

마음까지 화장하는 사람은 행복하지만, 얼굴만 화장하는 사람은 불행하다.

자신의 잘못을 곧바로 인정하는 사람은 행복하지만, 잘못했다는 말을 절대로 하지 않는 사람은 불행하다.

가슴을 펴고 당당하게 걷는 사람은 행복한 사람이지만, 고개를 숙이고 걷는 사람은 불행한 사람이다.

누구에게나 배우려는 사람은 행복한 사람이지만, 자신이 만물박사라고 생각하는 사람은 불행한 사람이다.

잘된 이유를 찾는 사람은 행복하지만, 안 될 이유만 찾는 사람은 불행하다.

공과 사가 분명한 사람은 행복한 사람이지만, 공과 사를 구분하지 못하는 사람은 불행한 사람이다.

아는 것이 적어도 행동으로 옮기는 사람은 행복하지만, 아는 것이 많아도 실천하지 못하는 사람은 불행하다.

해야 할 일이 많음을 긍지로 여기는 사람은 행복하지만, 그것을 불만으로 여기는 사람은 불행하다.

겸손과 양보가 몸에 밴 사람은 행복하지만, 교만과 거만이 몸에 밴 사람은 불행하다.

목소리가 힘차고 생기 있는 사람은 행복하지만, 기어들어 가는 사람은 불행하다.

남의 잘못을 잘 용납하는 사람은 행복하지만, 자기의 잘못을 당연하다고 생각하는 사람은 불행한 사람이다.

좋아하는 사람이 많은 사람은 행복한 사람이지만, 미워하는 사람이 많은 사람은 불행한 사람이다.

자신의 잘못을 뉘우치는 사람은 행복한 사람이지만, 자기의 잘못을 모르는 사람은 불행한 사람이다.

죽음을 삶의 연장으로 태연히 받아들이는 사람은 행복한 사람이지만, 죽음을 삶의 끝이라 여겨 무서워하며 불안에 떠는 사람은 불행한 사람이다.

차를 탈 수 있는데 걷는 사람은 행복한 사람이지만, 걸을 수 있는데 차를 타는 사람은 불행한 사람이다.

몸이 원하는 음식을 먹는 사람은 행복한 사람이지만, 입이 원하는 음식을 먹는 사람은 불행한 사람이다.

좋은 의견을 내서 해 보자고 하는 사람은 행복한 사람이지만, 보나마나 뻔하다고 하는 사람은 불행한 사람이다.

배에 힘을 주는 사람은 행복한 사람이지만, 목에 힘을 주는 사람은 불행한 사람이다.

할 일을 다 하고 천명을 기다리는 사람은 행복한 사람이지만, 시작도 않고 요행을 기다리는 사람은 불행한 사람이다.

나 자신은 어떤 사람인가?
행복한 사람인가?
아니면 불행한 사람인가?

06

—

🌱

행복은 멀리 있지 않다

행복은 멀리 있지 않다. 행복은 일상 속에 있을 뿐이다. 눈으로 모든 사물을 인지하고 아름다운 산과 바다를 보면 내가 생존해 있음에 감사하고, 코로 공기를 마시며 숨을 쉴 수 있고 향기로운 냄새를 음미할 수 있어 행복하다.

귀로 소리를 들을 수 있어 다정하게 대화를 나눌 수 있음에 행복하고, 입으로 음식을 먹고 상대방과 마주 앉아 다정하게 말을 주고받으면 믿음이 있어 행복하다. 손으로 일을 하고 보이는 것을 만져보고 잡을 수 있어 행복하고, 발로 가고 싶은 곳을 갈 수 있는 기동력을 주서서 행복하다.

가정에는 사랑하는 가족과 내가 쉬는 삶의 공간이 있어 행복하고, 가진 게 많지 않아도 마음이 부자라 모든 것이 풍요로워 행복하다. 권력이나 명예에 연연하지 않아 어디를 가도 편견 없이 모든 사람과 함께할 수 있어 행복하고, 이런 내 마음을 알아주는 사람이 멀리 있지만 하늘 아래 같이 산다는 것이 행복하고, 나의 사랑으로 행복해하는 사람이 있어 내 마음도 행복하다.

누구나 일상에서 느끼는 희로애락 속에 행복이 있는데 우리는 먼 곳의 행복만을 추구한다. 독일 시인 칼 부세는 그가 쓴 「산 너머 저쪽」이라는 시에서 다음과 같이 읊었다.

"산 너머 저 하늘 멀리 행복이 있다고 말하기에 아, 님 따라 행복을 찾아갔다가 눈물만 머금고 돌아왔네."

많은 사람들이 행복이 어딘가에 존재하는 것처럼 찾아보지만 이내 행복의 허구성에 한탄하고 실망하고 만다.

역사가인 윌 뒤란트는 "지식 속에서 행복을 찾아내려고 했으나 발견한 것은 환상뿐이었고, 여행 중에 행복을 구해 보았지만 지루함밖에 발견할 수 없었다."고 했다.

그러던 어느 날, 그는 잠자고 있는 갓난아이를 업은 여성이 조그만 차 속에서 남편을 기다리고 있는 모습을 보았다. 잠시 후 열차에서 내린 남편이 다가와서 여성에게 부드럽게 입 맞추고 갓난아기에게도 잠이 깨지 않도록 살짝 입을 맞추었다. 그러고 나서 가족들은 차를 타고 떠나가 버렸다.

뒤에 남은 뒤란트는 그때 문득 행복의 실체를 짐작했다. 즉, 일상생활의 모든 일이 행복을 포함하고 있다는 사실을 깨달았던 것이

다. 이렇듯 참으로 행복은 멀리 그리고 거창한 데 있지 않고 일상의
작은 것, 사소한 것에서 만족을 느끼는 데 있다. 일상생활의 모든
일 그리고 매 순간이 행복을 포함하고 있다는 사실을 간과해서는 아
니 될 것이다.

07

🌱

행복은 마음가짐의 문제

"사람은 행복하기로 마음먹은 만큼 행복하다."는 링컨의 명언이 가슴에 와 닿는다. 행복하다고 생각하면 행복하고 불행하다고 생각하면 불행한 법이다. 어떻게 생각하고 어떻게 마음먹느냐에 따라 행복과 불행이 결정되므로, 사람은 생각하기에 따라 똑같은 현실에서 행복할 수도 있고 불행할 수도 있다.

어느 여대생의 이야기이다. 그 여학생은 한쪽 다리가 다른 쪽 다리보다 좀 짧은 장애인이었다. 그래서 먼 거리를 걸어가기 위해서는 목발을 짚어야 했다. 그가 다니는 학교는 산중턱에 위치해 있었으니 자연히 그 학교에는 가파른 계단이 유난히도 많았다. 그러니한 계단 한 계단 목발을 짚고 올라가기가 얼마나 힘들었겠는가? 그럼에도 불구하고 그의 얼굴은 언제나 밝았고 늘 행복한 표정을 보였다. 그리고 그 여학생은 공부도 잘했다.

어느 날, 그의 곁에서 함께 계단을 올라가던 같은 학과 여학생이 그를 바라보면서 안쓰러운 듯이 이렇게 말했다.

"얘, 하나님이 너에게 기적을 베풀어 주셔서 너의 그 짧은 한쪽 다리를 길게 늘려 주셨으면 좋겠다."

그러자 그 여대생은 미소를 지으면서 친구의 말에 "아멘!"이라고 화답을 했다.

친구는 그에게 물었다.

"너 어떻게 하다가 그런 장애를 가지게 되었니?"

그 여대생은 주저하지 않고 대답했다.

"응, 어릴 때 소아마비를 심하게 앓았어."

그 말을 들은 친구는 궁금한 점이 있다는 듯이 또 이렇게 물었다.

"그런데도 너는 어떻게 그렇게 늘 행복하게 보일 수가 있니?"

그러자 그 여대생은 이렇게 대답했다.

"그야 내 마음이 건강하니까 그렇지. 내 몸에 장애가 있다고 해서 내 마음까지 병든 것은 아니지 않니?"

자기의 육신은 병들었어도, 자신의 마음은 건강하니 얼마든지 행복할 수 있다는 말이다. 그렇다. 행복과 불행은 우리의 마음가짐에 달려 있으며 행복과 불행은 우리 밖에 있는 것이 아니라 우리 안에 있다. 우리가 육신적으로는 힘들고 고통스러운 삶을 살아간다 할지라도, 우리의 마음이 기쁘고 즐거우면 우리는 언제나 행복한 삶을 살 수 있다. 행복은 전적으로 마음가짐의 문제이기 때문이다.

08

🌱

도자기보다 더 소중한 행복

이 세상에는 많은 가정들이 있다. 그중에 행복하고 화목한 가정이 있는 반면, 불행하고 불화하는 가정이 있다. 그 원인과 이유는 무엇일까?

한 가족이 있었다. 그 집은 가족 간에 불화가 그치지 않아 부부끼리도 자주 싸우고 부모와 자식 간에, 그리고 자식들끼리도 서로 불화가 심하였다. 그래서 그 집 식구들은 서로가 자신이 불행하다고 믿고 있었다.

바로 옆집에선 집 안에서 웃음소리가 그치지 않고 모두들 환한 웃음을 지으며 살고 있었다. 스스로가 불행하다고 생각하는 집 사람들은 그 집에 가서 어떻게 저렇게 살 수 있는지를 알아보기로 하고 그 집을 방문했다.

거실에서 얘기를 나누던 중, 그 집 아들이 부엌에서 비싸 보이는 도자기를 잘못 건드려 깨지고 말았다. 방문한 가족들은 서로 생각했다. 아버지는 '세상에, 저 비싼 걸… 이제 한바탕하겠구나.', 어머니는 '저걸 치우려면 이제 저애는 혼나겠구나.' 하고 생각했다.

하지만 아들의 어머니는 말했다.

"내가 도자기를 넘어지기 쉬운 자리에 올려놨었구나. 미안하다. 놀랐겠구나!"

그러자 아버지는, "아니오, 내가 그 자리가 좀 위험하다 생각하고 치우려고 했었는데 미처 치우지 못해 내가 미안하오."

아들은, "아닙니다. 제가 조심성이 없어 그랬습니다."

그러자 방문한 가족의 아버지가 말했다.

"그래도 저 비싼 걸 깼는데 화가 안 나십니까?"

"화를 왜 냅니까? 화를 낸다고 깨진 도자기가 원상태로 돌아오는 것도 아닌데 화를 내는 순간 저희는 도자기보다 훨씬 값진 걸 깨뜨리는 것입니다. 그건 우리 가족의 행복입니다."

정말 그렇다. 이 세상에 어떤 귀한 것도 가정의 행복과는 바꿀 수 없는 것이다. 마음먹기에 따라서 행복도 불행이 될 수 있고, 불행이 행복이 될 수 있는 것이다. '가화만사성'이란 말이 있지 않는가? 집안이 화목하면 모든 일이 잘되고 형통하다.

09

—

🌱

비교하면 행복은 멀어진다

비교의식의 나쁜 점은 일이 잘될 때 그렇지 못한 사람을 보며 교만해진다는 것이고, 일이 잘 안 되면 그렇지 않은 사람을 보며 낙심한다는 것이다. 우리는 우리 자신일 뿐, 누구와 비교될 수 없는 고귀한 존재이다.

셋방을 살던 한 주부가 결혼 10년 만에 그토록 소원하던 20평 아파트를 한 채 구입하게 되었다. 너무도 행복했다. 그런데 시장에 갔다가 옛날 친구를 만나 그의 집에 놀러 갔다. 자기보다 공부를 못했던 그 친구는 40평 아파트에 살고 있었다. 비교의식 때문에 그 주부의 감격적인 행복감은 순식간에 다 소멸되어 버렸다. 이렇듯 다른 사람과 비교하면 행복은 멀어진다.

레나 마리아는 양팔과 한쪽 다리가 없이 불구자로 태어났다. 그러나 그녀의 부모는 자신의 아이를 다른 아이와 비교하지 않았기에 딸을 사랑하며 행복했다. 그녀 역시 자신을 다른 사람들과 비교하지 않았기에 주체의식을 갖고 명랑하고 행복하게 자라서 훌륭한 성악가가 되고, 유능한 수영선수가 되었다.

어느 나무꾼이 산에 나무를 하러 갔다. 칡넝쿨을 거두려고 붙들었는데, 넝쿨 속에서 고이 잠을 자고 있던 호랑이 꼬리를 잡은 것이었다. 잠자는 호랑이를 건드린 나무꾼은 깜짝 놀라 나무 위로 올라갔다.

화가 난 호랑이는 나무를 마구 흔들었다. 나무꾼은 놀라서 그만 손을 놓아 나무에서 추락했는데, 떨어진 곳이 호랑이 등이었다. 이번에는 호랑이가 놀라 몸을 흔들었고, 나무꾼은 호랑이 등에서 떨어지지 않으려고 안간힘을 썼다. 호랑이는 나무꾼을 떨어뜨리기 위하여 달리기 시작했다. 나무꾼은 살기 위해서 사력을 다해 호랑이 등을 더 꽉 껴안았다.

그런데 한 농부가 무더운 여름에 밭에서 일하다가 이 광경을 보고는 불평을 했다.

"나는 평생 땀 흘려 일하면서 사는데, 어떤 놈은 팔자가 좋아서 빈둥빈둥 놀면서 호랑이 등을 타고 다니는가?"

농부는 죽기 아니면 살기로 호랑이 등을 붙들고 있는 나무꾼을 부러워했다.

때로 남들을 보면 다 행복해 보이고, 나만 고생하는 것 같다. 나는 뜨거운 뙤약볕에서 일을 하고, 남들은 호랑이 등을 타고 신선놀음을 하는 듯해 보인다. 그러나 실상을 알고 보면 사람 사는 것이 거의 비슷하다. 나와 똑같은 고민을 하고 나와 똑같은 외로움 속에 몸부림치며 살고 있다. 남과 비교하면 내 것이 다 작아 보인다. 나에게만 아픔이 있는 것이 아니라 실상을 들어가 보면 누구에게나 아픔이 있다.

　비교해서 불행하지 말고 내가 아니면 안 된다는 생각을 버리고 본인은 못 하면서 뒤에서 더 숙덕거리지 말고, 서로가 공존하고 공유하면서 내게　있는 것으로 기뻐하고 감사하는 마음으로 살다 보면 자신도 모르게 행복해진다.

　사람에게는 삶을 행복하게 하는 성품이 있고 그 반대의 경우도 있다. 특히, 비교의식은 평생 만족감을 모르게 하고 스스로를 불행하게 만들기에 비교의식은 암보다 더 무서운 질병이라 할 수 있다. 이웃과 비교해서 우월하면 교만심이 들고, 그렇지 못하면 열등감이 들고, 비슷하면 경쟁심과 질투심이 생긴다. 남과 비교할 때 행복은 멀어진다. 그저 감사한 마음 하나만으로도 당신은 행복의 주인공이 될 수 있다.

10

🌱

배려하는 행복

부부는 서로의 행복을 위해 노력해야 한다. 어떻게 하면 아내를 행복하게 할까, 어떻게 하면 남편을 행복하게 할까를 생각해야 한다. 서로를 배려하고 아끼고 사랑해야 한다. 그것이 신혼처럼 살게 하는 비결이요 싸우거나 다투지 않는 비결이다.

불치병을 앓게 된 남자가 있었다. 그에게는 미래를 약속한 연인이 있었다. 남자가 불치병에 걸렸다는 사실을 알게 된 여자는 두 사람 앞에 놓인 가혹한 운명을 탓하며 절망했다. 그러나 슬픔도 잠시, 사랑에 대한 의지가 누구보다 강했던 그녀는 이내 아픔을 털고, 현실과 당당히 맞서기로 마음먹었다. 그녀는 다니던 직장을 사직하고 그를 간호하는 데 매진하기 시작했다.

그렇게 2년의 세월이 흘렀다. 병실에 함께 있던 환자들은 하나둘 떠나갔다. 회복해서 나간 사람도 있었지만, 세상을 떠난 이들도 있었다. 남자는 여자의 극진한 간호에도 불구하고, 병세가 악화되기만 했다. 그러다 결국, 한 달이라는 시한부를 판정받기에 이른다.

그런데 남자와 여자의 애절한 사랑 이야기가 알려져서 그 둘을 취재하기 위해 기자들이 몰려왔다. 기자들의 질문은 이어졌고, 인터뷰 중간에 신문에 실을 사진을 찍자고 하자 여자는 흔쾌히 허락했다.

그런데 갑자기 남자가 그녀를 잠시 밖으로 내보내고 기자에게 말했다.

"죄송하지만, 사진은 찍지 않는 것이 좋겠어요."

의아한 기자들이 왜냐고 묻자 남자는 이렇게 대답했다.

"제 여자 친구는 나중에 다른 사람을 만나야 하지 않겠어요? 전 그녀가 저보다 더 좋은 사람을 만나 행복해지길 바랍니다. 행여 저와 찍은 사진으로 사람들이 그녀의 얼굴을 알아보게 되면, 그래서 저와 사귀었던 명확한 과거가 생기게 되면, 그녀의 행복을 찾는 데 방해가 될 거예요."

사랑이란 무엇일까? 고통스러운 죽음을 앞두고서도 남겨질 연인을 도리어 걱정하고 그녀의 행복을 진심으로 빌어주는 것이 사랑이 아닐까? 가슴 절절한 사랑을 해 보라. 지금 내 곁에 있는 아내에게, 혹은 남편에게 사랑한다고 말해 보라. 어쩌면 눈부신 오늘 아름다운 사랑의 기억으로 넘쳐나지 않을까?

11

🌱

주름살의 교훈

   나는 환갑과 진갑을 지나면서 얼굴에 주름살과 흰머리가 많이 생겨난다. 누가 말했던가? 이마의 주름살은 인생의 계급장이라고…. 나이가 들면서 인생의 계급장처럼 만들어지는 얼굴 주름살, 귀밑에 생긴 하얀 새치들은 어쩌면 우리들의 귀하고 아름다운 삶의 흔적일지도 모른다.

   나이가 들면서 어김없이 찾아오는 기억력의 감퇴, 순발력의 저하, 기력의 감소 등 피할 수 없는 삶의 현실이다. 그러나 이러한 삶의 노년에 자랑할 수 있는 경쟁력은 무엇일까?

   그것은 아마도 삶에서 묻어 나오는 연륜과 경륜에서 비롯된 지혜가 아닐까 생각한다. 오랜 세월 쌓인 연륜과 다양한 경험을 바탕으로 계급장처럼 쌓인 경륜에서 분수처럼 솟아나는 삶의 지혜는 젊은

이를 능히 이기고도 남을 삶의 경쟁력이고 아름다움일 것이다.

지금은 고인이 된 이탈리아 영화배우 안나 마냐니(Anna Magnani)는 1955년 〈장미의 문신〉을 통해 이탈리아 여배우로는 최초로 아카데미 여우주연상을 수상했다. 그녀가 노년에 사진을 찍을 때였다. 사진을 찍기 전에 그녀는 사진사에게 조용히 이렇게 부탁했다.

"사진사 양반, 절대 내 주름살을 수정하지 마세요."

사진사가 그 이유를 묻자 안나 마니냐가 대답했다.

"그걸 얻는 데 평생이 걸렸거든요 그건 나의 역사요, 보물이랍니다."

하워드 가드너가 말했다. "행복한 사람은 가지고 있는 것을 사랑하고, 불행한 사람은 가지고 있지 않은 것을 사랑하는 사람이다." 주름살까지 사랑한다는 것은 있는 그대로의 진정한 자기사랑이 아닐까 생각해 본다.

어떤 사람은 그것을 지우고 감추기 위해 노력하고, 어떤 사람은 그것을 당연하고 자랑스럽게 여긴다. 내면의 아름다움 그것은 착한 마음이요, 깊이 있는 연륜이다. 주름은 더 이상 나이 들어가는 모습, 숨겨야 할 것이 아니라 평생을 만들어 가는 나의 작품인 것이다.

행복과 불행은 작은 생각의 차이일 뿐이다. 좋은 것만 보고, 좋은 것만 생각하며 살다 보면 어느덧 자연스레 행복해진다.

PART 03

행복의 새싹

"내가 진실로 진실로 너희에게 이르노니 한 알의 밀이 땅에 떨어져 죽지 아니하면 한 알 그대로 있고 죽으면 많은 열매를 맺느니라."(요12:24) 생명이 있으면 싹이 난다. 썩지 않는 씨앗은 꽃을 피울 수 없고, 꽃을 피우지 않으면 열매를 맺을 수 없다.

01

🌱

작은 행복을 찾는 비결

어리석은 자는 멀리서 행복을 찾고, 현명한 자는 자신의 발치에서 행복을 키워 간다. 행복은 작은 것에 있기에 거창하고 큰 것에서 찾지 말라. 멀리서 힘들게 헤매지 마라. 비록 작지만 행복은 항상 당신 눈앞에 있다.

행복은 이기적이다. 자신을 돌보는 사람만이 가질 수 있다. 스스로 행복하지 않으면 아무도 도울 수 없다.

행복은 습관이다. 아는 길이 편하고 가던 길을 또 가듯이 살아가는 동안 몸과 마음에 배는 향기이다. 하나씩 날마다 더해 가는 익숙함이다.

행복은 투자이다. 미래가 아닌 현실을 위해 남김없이 투자하라. 지금 행복하지 않으면 내일도 마찬가지이다. 오늘은 온전하게 행복을 위해 쓸 수 있어야 한다.

행복은 공기이다. 때로는 바람이고 어쩌면 구름이다. 잡히지 않아도 느낄 수 있고 보이지 않아도 알 수 있다.

행복은 선물이다. 어렵지 않게 전달할 수 있는 미소이기도 하고, 소리 없이 건네 줄 수 있는 믿음이기도 하다. 그리고 가장 달콤한 포옹이기도 하다.

행복은 소망이다. 끝없이 전달하고픈 욕망이다. 하염없이 주고 싶은 열망이다. 결국엔 건네주는 축복이다.

행복은 당신이다. 지금 이 순간 존재하는 당신이다. 변함없이 사랑하는 당신이다. 그리고 이미 당신이다. 당신은 이 세상에서 하나밖에 없는 행복의 주인공이다.

02

행복과 불행의 변수

나는 어릴 때 열등감 속에 살았다. 잘하는 것이라곤 아무것도 없는 것 같았다. 장점보다는 단점만 가득하다고 생각했다. 그러니 매사에 소극적이고 소심했다. 그러나 지금은 너무도 많이 변하였다. 대중들을 상대로 강연 활동을 하며 수많은 사람에게 행복을 전해 주는 웃음천사, 행복천사가 되었으니 말이다.

이 세상에 완전한 사람은 없으며 모든 사람은 다 장단점을 가지고 있다. 좋은 점이 있으면 나쁜 점도 가지고 있다. 그런데 하나님은 단점보다는 장점을 많이 주셨다. 그러므로 누구든지 장점을 보고 감사함을 느끼면 자신감 있는 삶을 살지만, 단점을 보고 실망하면 콤플렉스에 시달리고 소심한 삶을 살게 되며 불행해진다.

1950년대에 미국 위스콘신 대학교에서 우수한 문학 지망생들 가운데 남학생들이 중심이 되어 모임을 만들었다. 그들은 정기적으로 모여 각자가 쓴 소설이며 시의 결점을 가차 없이 서로 비평했다. 그것은 그들의 창작에 도움이 되는 듯 보였다.

한편 여학생들이 중심이 된 또 다른 모임이 있었다. 그 모임에서는 혹평은 일절 피하고 좋은 부분만 칭찬하였다. 10년 후, 그 여학생들 중 대부분이 훌륭한 작가가 되었다. 그러나 그토록 유망하던 남학생들 중에서는 단 한 명의 뛰어난 작가도 나오지 못했다.

사람은 보통 95%의 좋은 점과 5%의 좋지 않은 점을 갖고 있다. 100% 좋은 사람은 아무도 없다. 그러나 95%의 좋은 점을 보면서 사는 사람이 있고, 5%의 좋지 않은 점을 보면서 사는 사람이 있다.

자기 자신에 대해서도 마찬가지다. 95%를 보고 사는 사람은 자신감 있게 산다. 완전한 사람은 존재하지 않으며 완전한 사람은 있을 수도 없다. 상대방의 부족한 5%쯤은 내가 갖고 있는 것으로 채워 주면서 살면 행복하다.

이제 우리 95%의 자신의 장점을 보며 살자. 분명 단점보다는 장점이 많을 것이다. 그리고 다른 이의 5%의 단점은 내가 채워 주고 좋은 점을 보며 살아 보자. 분명 행복한 사회가 만들어질 것이다.

행복의 새싹

03

🌱

행복의 조건

랄프 잉거솔은 "행복한 사람이 되는 길은 다른 사람들을 행복한 사람으로 만드는 것이다."라고 했다. 당신은 행복의 조건을 무엇이라고 생각하는가? 나는 행복의 조건을 이렇게 생각한다. 자기 자신만 행복해지려고 하는 한 결코 행복해질 수 없다는 것이다. 다른 사람을 기쁘게 하고 행복하게 해야 내가 곧 행복해진다.

죽음 앞에서 다시 얻은 생명, 이제 나는 나의 행복을 위해 살지 않는다. 어떻게 하면 다른 사람을 행복하게 할까를 생각하며 나는 오늘도 다른 사람을 기쁘고 행복하게 하기 위해 행복 만들기 강의로 봉사를 한다.

옛날 희랍의 전제국가의 한 왕이 24시간 여색과 주지육림에 탐닉

하면서 자기를 더 즐겁게 하기 위하여 쾌락도와 행복도를 더 높이는 수단과 방법을 상금을 걸고 천하에 널리 구하게 하였다. 별별 기발한 새 아이디어들이 실험되었으나 그의 불만도와 갈증은 날로 가중되기만 했다. 새 아이디어의 제공자들은 그를 실망시킨 벌로 사형을 받았다.

어느 날, 왕 앞에 행복의 새로운 제안자가 나타났다. 아름다운 소녀였다. 소녀는 왕 앞에 나타나서 꾸짖는 눈빛으로, "왕은 절대로 행복할 수 없습니다. 기쁨을 단념하십시오. 남을 행복하게 하거나 기쁘게 한 일이 없기 때문입니다. 만일 기쁨과 행복을 원하신다면 남을 기쁘게 하고 행복하게 하십시오."라고 단호한 어조로 말했다.

이 말을 들은 왕의 표정은 숙연해지고 두 눈에는 눈물이 맺히었다. "딸아, 그대의 말이 옳도다." 하고 상을 내렸다.

다른 사람을 기쁘게 하고 행복하게 하는 것이 내 기쁨이요 행복이다. 다른 사람을 기쁘게 하라. 그러면 당신이 기쁠 것이다. 다른 사람을 행복하게 해 보라. 그러면 당신도 행복해질 것이다. 이것이 내가 깨달은 행복에 대한 진리이다.

04

🌱

행복 느끼기

여자는 사랑받을 때 제일 행복해하고 사랑에 목숨을 건다는 말이 있고, 남자는 인정받을 때 힘이 나고 그런 사람에 충성하고 목숨 건다는 말이 있다. 남녀노소 빈부귀천을 막론하고 누구나 위로받고 싶고 사랑받고 싶고 인정받고 싶어 한다.

사람이 행복을 느끼고 힘이 날 때가 언제일까?
물론 각자 다르겠지만, 인정받을 때이다.

세계적인 대문호 톨스토이가 어느 날 길거리에서 구걸하는 거지를 만났다. 그는 돈을 주고 싶어 주머니에 손을 넣었으나 그날따라 돈이 한 푼도 없었다. 톨스토이는 거지에게 말했다.

"형제여, 내가 마침 한 푼도 가진 것이 없소. 정말 미안하오."

그러자 거지는 만족스러운 미소를 지으면서 고마움을 나타냈다.

"돈이 문제입니까? 저는 선생님으로부터 훨씬 더 값진 것을 받았어요. 당신은 저를 형제라고 불러 주었잖아요."

사람은 타인으로부터 인정받을 때 행복을 느낀다. 직장인 10명중 3명은 직장 생활을 하면서 상사와 동료로부터 인정을 받을 때 가장 큰 행복을 느낀다고 한다. 다른 사람들로부터 인정받으면 아무리 어렵고 힘든 일이 있을지라도 모든 것을 이겨 낼 힘이 생기게 되며, 고독하고 외로워도, 조롱과 비난을 받아도 우리는 행복한 삶을 살 수 있게 된다.

외로워하는 사람에게 외로움을 달래 줄 말을 하고, 화를 내는 사람에게 화를 풀어 줄 말을 하고, 기쁜 사람에게는 기쁨이 배가되는 말을 하고, 상처받고 슬픈 사람에게는 따뜻한 위로의 말을 하고 인정해 주는 것은 행복을 느끼게 하는 비결이다.

05

🌱

가장 행복해진 왕비

도스토예프스키는 "행복이란 누가 주는 것이 아니라 스스로 찾는 것이다."라고 했다. 행복한 사람은 언제나 어떻게 하면 다른 사람을 행복하게 할까를 생각한다. 자신의 행복을 위해 살기보다 타인의 행복을 위해 살아간다.

고대 그리스에 아름다운 왕비와 결혼한 한 임금이 있었다. 임금의 총애와 그지없이 높은 권력은 왕비가 갖고 싶은 모든 것을 가질 수 있게 해 주었지만 왕비는 여전히 눈살을 찌푸린 채 즐거워하지 않았기에 임금은 고민에 빠졌다.

어느 날, 한 현인이 나타나 임금에게 자신이 근심 어린 왕비의 얼굴을 웃는 모습으로 바꾸어 놓고 왕비를 즐겁게 해 줄 수 있다고 말했다.

현인은 왕비를 비밀의 방으로 데리고 간 다음, 흰 물건을 이용하여 종이 위에 무언가를 써 내려갔다. 그는 그 종이를 왕비에게 주고 어두운 방에 들어가라고 부탁했다. 그다음 촛불을 켜서 종이에 무엇이 기록되어 있는지 주시하라고 했다. 왕비는 현인의 지시대로 따랐고 촛불 아래에서 그녀는 흰색 글자가 아름다운 녹색으로 변하는 것을 보았다.

"매일 다른 사람을 위해 좋은 일을 한 가지씩 하시오!"

왕비는 현인의 충고대로 했고, 얼마 지나지 않아 왕비는 전국에서 가장 행복한 사람이 되었다.

고통에서 벗어나는 가장 빠른 길은 다른 사람을 기쁘게 하는 것이다. 다른 사람을 기쁘게 해 보라. 어떻게 하면 다른 사람을 기쁘게 할지를 고민하고, 다른 사람을 기쁘게 하기 위해 내가 할 수 있는 것을 행동에 옮겨 보라. 그렇게 하면 슬픈 생각이나 불면증, 우울증이 없어지고 행복해진다.

06

당신과 나는 하나

감사와 행복은 한 몸이요, 한 뿌리이다. 감사하는 마음에 행복이 깃들고 그 행복 속에 더 큰 감사로 자라난다. 현실은 비록 어렵고 힘들지만 감사하는 마음으로 오늘을 살고 있다면 당신과 나는 진정 행복한 사람이다.

행복과 기쁨은 고통을 이겨 내는 자에게 더욱 값진 것이다. 기쁨은 슬픔을 극복했을 때 비로소 진정한 내 것이 된다. 불행을 상상하면 불행해지고, 행복을 상상하면 실제로도 행복해진다. 승리를 상상하면 승리하게 되고, 패배를 상상하면 패배하게 된다. 너무 간단하고도 명백한 삶의 공식이다.

당신이 행복하면 나도 행복하다. 사람이든 물건이든, 그 자체로 독립적으로 생겨나 지속되는 것은 없다. 이것은 저것에 의존하며 저것은 이것에 의존해야 한다.

예를 들어 부모와 자식은 분리된 두 존재가 아니다. 자식의 행복은 부모의 행복과 연결되어 있으며, 부모가 행복하지 않을 때 자녀의 행복 역시 불완전하다.

부부는 한 몸이다. 남편이 불행한데 아내가 행복할 수 없다. 남편의 행복이 곧 아내의 행복인 것이다. 나의 행복이 당신의 행복이요, 당신의 행복이 바로 나의 행복이다. 나는 행복한데 당신이 행복하지 않다면 나의 행복이 무슨 의미가 있으며, 당신은 행복한데 내가 불행이라 여긴다면 당신의 행복 또한 무슨 의미가 있겠는가?

우리는 하나이면서 둘이고, 둘이면서 하나이다. 그래서 함께 행복해야 한다. 가족이 함께 행복해야 하며 부부가 함께 행복해야 한다. 왜냐하면 하나의 공동체이기 때문이다.

07

*

죽어야 싹이 난다

"내가 진실로 진실로 너희에게 이르노니 한 알의 밀이 땅에 떨어져 죽지 아니하면 한 알 그대로 있고 죽으면 많은 열매를 맺느니라."(요12:24)

생명이 있으면 싹이 난다. 썩지 않는 씨앗은 꽃을 피울 수 없고, 꽃을 피우지 않으면 열매를 맺을 수 없다.

콜드는 그룬트비에 의해 세워진 덴마크의 국민고등학교를 발전시키는 데 기여한 사람이다. 그의 소박하고 알아듣기 쉬운 강의는 듣는 사람들에게 항상 깊은 감동을 주었다. 그런데 그는 자기 강의 내용을 필기하는 것을 원하지 않았고, 평생 한 권의 저서도 남기지 않았다.

한 학생이 말했다.

"선생님, 저는 선생님의 말씀을 듣고 있으면 가슴이 뜨거워집니다. 그럴 때마다 그 내용을 써 두지 못하는 것이 아쉽습니다."

콜드는 빙그레 웃으며 대답했다.

"걱정 말게. 땅속에 묻는 하수관은 땅 위에 표시를 해 두어야 찾아낼 수 있겠지만 살아 있는 씨앗은 별다른 표시를 해 두지 않아도 반드시 움을 틔우는 법일세. 내 말이 산 것이라면 어느 때이고 자네의 삶 속에서 되살아날 것이 분명하네."

모래나 씨앗은 겉보기에는 비슷하지만 모래는 생명이 없고 씨앗은 생명이 있다. 가치의 판단은 겉모양의 크기나 꾸밈에 있지 않고 생명에 있다.

배추는 5번 이상 죽어서야 김치가 된다. 땅에서 뽑힐 때, 칼로 배추의 배를 가를 때, 소금에 절일 때, 매운 고추와 젓갈과 마늘의 양념에 버무려질 때, 그리고 입안에서 씹힐 때, 그래서 입안에서 김치라는 새 생명으로 거듭나게 된다.

행복이란 맛을 내기 위해 죽고 또 죽어야 한다. 그래야 행복이 피어나게 된다. 혈기도 죽고, 분노도 죽고, 욕심도 죽고, 교만도 죽어야 한다. 그래서 사도 바울은 "날마다 나는 죽노라."고 말했다. 나는 죽고 내 안에 생명 되신 그리스도께서 사는 것이 행복이기 때문이다.

08

🌱

행복의 비결

행복의 비결은 내게 주어진 현실을 만족하고 감사하는 데 있다. 주어진 현실을 만족하지 못하고 감사하지 않는다면 결코 행복할 수 없다.

옛날에 한 왕이 있었는데, 하루는 신하를 전국에 보내어 가장 행복한 사람을 찾아보도록 했다. 그리고 그 행복한 사람을 찾으면 만금을 주더라도 그 사람의 속옷을 얻어 가지고 오라고 했다. 그 옷을 입으면 자신도 행복해질 것이라는 믿음 때문이었다.

왕의 지시를 받은 신하는 오랜 세월 동안 전국 각지를 돌아다니며 행복해 보이는 사람을 찾아다녔다. 권력 있다는 자, 돈이 많다는 자, 지식이 있다는 자…. 그러나 진정 행복해 보이는 사람을 만나기란 힘이 들었다.

그러던 중 어느 시골길을 터벅터벅 걷고 있는데 한 청년이 흥겹게 노래를 부르며 오고 있었다. 아, 그의 얼굴엔 너무도 행복스런 표정으로 가득했다. 왕의 신하는 그 청년에게 달려가 이렇게 물었다.

"당신은 무던히 행복해 보이는군요."

"난 단 하루도 불행해 본 적이 없습니다."

그때 신하는 자기가 다니는 목적과 사정을 말하고, "그러니 당신의 속옷을 꼭 팔라고 하며 돈은 달라는 대로 다 주겠노라."고 했다.

이때 그 청년은 먼지투성이의 옷을 활짝 젖혀 가슴을 열어 보이며 "보다시피 나는 속옷이 없습니다. 사실 나는 속옷뿐 아니라 신발 한 켤레가 없어서 불만이 있었는데 마침 이리 오다가 발이 없는 사람을 만난 후로는 구두가 없다는 게 무슨 불만인가 싶어 감사의 마음을 되찾게 되었습니다."라고 했다.

행복의 비결은 주어진 현실에 만족하고 감사하는 마음에 있기에 주어진 현실에 만족하지 못하고 감사하지 않는다면 왕이라 할지라도 행복하지 못하다. 만족이 행복이다.

09

죽을 때까지 감사

내가 항암 치료를 받으며 사경을 헤맬 때 몸무게가 52㎏이었다. 뼈에 가죽만 씌워 놓은 것 같았고, 몸이 얼마나 쇠약했던지 아내는 알부민 영양제를 사서 주사하려고 했으나 혈관이 계속 터져 맞을 수가 없었다. 영양제를 맞을 수 없을 정도로 몸이 쇠약했던 것이다. 식사를 하지 못해 '메디웰'이란 200㎖ 영양식 캔 하나가 한 끼 식사였다. 그러나 지금은 70㎏이 넘고 건강해졌으니 모든 것이 감사할 따름이다.

진수성찬 앞에서도 불평하는 사람이 있는 반면, 마른 떡 한 조각으로도 감사하는 사람이 있다.

건강한 신체가 있음에도 환경을 원망하는 사람이 있고, 두 팔과 두 다리가 없음에도 불구하고 감사하는 사람이 있다.

하나를 잃어버린 것에 분을 참지 못하는 사람이 있고, 둘을 잃어버리고도 오히려 감사하는 사람이 있다.

사소한 작은 일에도 짜증내는 사람이 있고, 큰일을 당할지라도 감사하는 사람이 있다.

실패로 말미암아 자신의 생명을 포기하거나 절망하는 사람이 있는가 하면, 지난 모든 일을 감사하고 미래를 준비하는 사람이 있다.

자신을 비난하거나 해를 끼친 사람과 원수가 되는 사람이 있고, 원수를 사랑하며 감사하는 사람이 있다.

남이 잘되는 것을 시기하는 사람이 있고, 남의 성공을 반기는 사람이 있다.

죽음을 두려워하는 사람이 있고, 죽음을 감사히 받아들이는 사람이 있다.

우리에게는 감사하며 살아야 할 충분한 이유가 있다. 매일매일 숨쉴 수 있는 것이 감사하고, 걸을 수 있는 것이 감사하고, 먹을 수 있는 것과 잠잘 수 있는 것이 감사하고, 성공도 실패도 감사하고, 몸이 아파도, 건강해도 감사하지 않는가?

사실상 이 땅에 태어나서 죽는 날까지 감사할 뿐인 것을…. 작은 것에 감사할 줄 아는 사람은 언제나 행복하다. 이렇게 글을 쓸 수 있고 이 글을 읽을 수 있는 이들은 참 행복한 사람이다.

10

🌱

행복해지는 조건

나이는 어리지만 현명한 한 아이가 있었다. 그는 생각했다. 많은 사람들이 행복해지기 위해 노력하는데, 그러면 행복해지기 위한 조건은 무엇일까? 이 아이는 자신의 궁금증을 풀기 위해 여러 사람을 찾아가 행복의 조건이 무엇인지 물어보았다.

제일 먼저 길에서 구걸하는 사람에게 행복의 조건이 무엇이냐고 물었다. 그는 대답했다.

"당연히 돈이지. 많은 돈을 가지고 큰 집에서 깨끗한 옷과 좋은 음식을 매일 먹을 수 있으니 얼마나 행복하겠어."

이번에는 부유하고 명예까지 있지만 나이도 많고 건강도 좋지 않은 부자에게 행복의 조건이 무엇이냐고 물었다. 그는 대답했다.

"젊고 건강한 몸이 진정한 행복이야. 내 팔다리로 마음껏 뛰고 달릴 수 있는 것이 바로 최고의 행복이야."

같은 질문에 대해서 젊고 건강하지만 결혼하지 못한 군인에게 행복의 조건이 무엇이냐고 물었다. 그는 대답했다.

"따뜻하고 화목한 가정이 제일 중요하지. 기쁜 일도 슬픈 일도 언제나 함께할 아내와 귀여운 재롱을 부리는 아이가 있으면 행복할 거야."

이번에는 남편과 함께 다섯 아이와 생활하는 여성에게 물었다 그는 말했다.

"혼자만의 시간이 필요해. 가족도 잠시 잊고 나만의 평화로운 시간을 가지면 행복할 거야."

여러 사람을 만난 아이는 행복의 조건이 무엇인지 알게 되었다.

"자기에게 없는 것이 행복의 조건이구나."

이미 당신이 당연시하는 행복한 조건이 다른 누군가가 간절히 원하는 행복의 조건이 될 수도 있다. 어리석은 자는 멀리서 행복을 찾고, 현명한 자는 자신의 발치에서 행복을 키워 간다.

11

그래서 나는 행복합니다

가수 윤항기 목사의 〈나는 행복합니다〉라는 노래가 있다. 듣기만
해도 흥겹고 신나고 행복해지는 노래이다.

"나는 행복합니다. 나는 행복합니다. 나는 행복합니다. 정말 정
말 행복합니다.

기다리던 오늘 그날이 왔어요. 즐거운 날이에요. 움츠렸던 어깨
답답한 가슴을 활짝 펴 봐요. 가벼운 옷차림에 다정한 벗들과 즐거
운 마음으로 들과 산을 뛰며 노래를 불러요. 우리 모두 다 함께!

나는 행복합니다. 나는 행복합니다. 나는 행복합니다. 정말 정말
행복합니다.

진달래꽃 피는 봄이 지나면 여름이 돌아와요. 쏟아지는 태양 젊음

이 있는 곳, 우리들의 여름이죠. 강에도 산에도 넓은 바다에도 우리들의 꿈 있어요. 그곳으로 가요. 노래를 부르며 우리 모두 다 함께! 나는 행복합니다. 나는 행복합니다. 나는 행복합니다. 정말 정말 행복합니다. 나는 행복합니다. 나는 행복합니다. 나는 행복합니다. 정말 정말 행복합니다. 나는 행복합니다. 나는 행복합니다."

힘들 땐 푸른 하늘을 볼 수 있는 눈이 있어서 나는 행복합니다. 외로워 울고 싶을 때 소리쳐 부를 친구가 있는 나는 행복합니다. 잊지 못할 추억을 간직할 머리가 내게 있어 나는 행복합니다.

잠이 오지 않는 밤에 별의 따스함을 들을 수 있는 귀가 있기에 나는 행복한 사람입니다. 슬플 때 거울 보며 웃을 수 있는 미소가 내게 있기에 나는 행복합니다. 소중한 사람들의 이름을 부를 수 있는 목소리가 있기에 나는 행복한 사람입니다.

온몸에 힘이 빠져 걷기도 힘들 때 기대어 쉴 수 있는 슬픔이 있기에 나는 행복합니다. 내 비록 우울하지만 나보다 더 슬픈 사람들을 도울 수 있는 발이 있어 나는 행복한 사람입니다.

나 가진 것 보잘것없지만 소중한 사람들을 위해 문자 하나 보낼 수 있는 힘이 있어 나는 행복한 사람입니다. 내 가슴 활짝 펴 내 작은 가슴에 나를 위해 주는 나는 행복한 사람입니다.

행복한 사람은 나이가 들수록 짐도 많고 어려움도 많다는 것을 인정한다. 행복한 사람은 상처가 없는 사람이 아니라 상처가 많지만 스스로 치유할 줄 아는 사람이다. 행복한 사람은 완벽한 사람이 아니라 자신의 부족함을 잘 알고 그 안에서 최선을 다하는 사람이다.

　행복한 사람은 큰 행복을 한꺼번에 이루려고 하지 않는다. 일상의 작은 기쁨을 발견하고 행복해하는 사람이다. 행복한 사람은 나이가 들고 하는 일이 많아질수록 고개를 숙이는 겸손한 사람이다.

　행복한 사람은 묵묵하게 일하는 사람이다. 입으로 떠드는 자가 아니라 행동하는 사람이다. 자신의 책임에 최선을 다하는 사람이다. 마무리까지 확실하게 처리하는 사람이다.

　그래서 나는 행복합니다.

PART 04

행복의 줄기

모든 행복은 행복한 생각에서 출발한다. 생각은 눈에 보이지 않는다. 보이는 것은 보이지 않는 것에서부터 온다. 가시적 현실은 비가시적 생각이 자란 열매이다. 행복한 생각을 심으면 행복한 인격이 나오고, 행복한 인격을 심으면 행복한 인생이 나온다.

01

🌱

행복은 재물에 있지 않다

라 로슈푸코는 "남에게 행복하게 보이려는 허영심 때문에 자기 앞에 있는 진짜 행복을 놓치는 수가 많다."고 했다.

많은 사람들은 행복을 재물에서 찾고 돈이 많으면 행복할 것이라고 생각하지만, 많은 재물과 돈이 행복을 가져다주지는 못한다. 돈이 많으면 근심이 많고 돈은 일만 악의 뿌리가 된다. 오히려 그 많은 물질과 돈은 선행을 위해 사용할 때 행복해지는 것이다. 가지고 있는 돈을 꼭 필요한 곳에 사용해 보라. 그러면 행복을 느끼게 될 것이다.

세계적인 거부가 있었는데 그는 33세에 백만장자가 되었고, 43세에 미국에서 최고 갑부가 되었으며, 53세에 전 세계에서 제일 갑부가 되었다. 돈을 모으려고 정신없이 뛰어다니던 사람이었다. 평소에 사람들에게 "나는 돈을 위해 살고 있다. 나는 나를 위해 살고 있다."라고 말하며 다녔다.

그런데 그는 55세에 불치병에 걸렸다. 말년에 돈을 얻었지만 행복은 잃고 말았다. 손가락 사이로 빠져 가는 모래알처럼 행복과 기쁨을 분실하고 난 다음 비로소 이 사람은 인생의 참된 가치가 소유에 있지 않고 공유에 있다는 것을 알았다.

그때서야 가지고 있던 재산을 YMCA, YWCA, 시카고 대학교 등에 기증했다. 그러자 이때부터 그의 마음속에 기쁨과 생동감이 넘쳐났고 잃었던 행복을 다시 찾게 되었다. 그 후 98세까지 세계적인 자선 왕으로 살았는데, 이 사람이 바로 록펠러이다.

그는 고백하기를,

"전반기 55년은 불행하고 쫓기는 삶을 살았지만 후반기 43년은 참으로 행복했노라."

욕심은 우리의 행복을 방해하는 치명적인 장애물 중 하나이다. 욕심 없는 사람이 없을 것이기에 더 정확히 말하면 지나친 욕심인 과욕이 문제이다. 동서고금을 막론하고 인간이 추구해 온 세 가지 욕심이 있는데, 그것은 다름 아닌 물욕, 권력욕, 정욕이다. 이러한 욕심을 육신의 정욕, 안목의 정욕, 이생의 자랑이라고 표현한다.

지나친 욕심 때문에 행복한 사람은 없으며 많은 사람들이 욕심 때문에 불행했으며 그 끝은 멸망이었다. 그러므로 욕심을 가지게 되

면 죄를 낳고 죄가 장성하면 사망을 낳는다. 따라서 욕심을 버리면
행복해진다. 왜냐하면 행복은 재물에 있지 않기 때문이다.

02

🌱

행복은 소유에 있지 않다

많은 사람들은 돈이 많으면 행복할 것이라고 생각한다. 그런데 '많다'는 그 기준이 무엇일까?

기준이 없다. 흔히 사람들은 무엇으로도 만족할 줄을 모르는데 이것이 요즘 사람들의 공통된 질병이다. 그래서 늘 목마른 상태와 비슷하게 살아간다. 겉으로는 번쩍거리고 잘사는 것 같아도 정신적으로는 초라하고 가난하기 그지없다. 크고 많은 것만을 원하기 때문에 작은 것과 적은 것에서 오는 기쁨과 만족함과 고마움과 행복함을 잊어버린 채 살아간다.

천문학적인 재산을 소유한 사람이 있었다. 아름다운 여인 3,321명을 후궁으로 거느렸으며 그들로부터 616명의 자녀를 얻었다. 사람들이 생각하는 행복의 조건인 부귀와 권력과 쾌락과 건강을 소유했다.

그러나 그가 숨을 거두는 순간, 자기 인생에서 참된 행복을 누린 날은 겨우 14일이라는 충격적인 고백을 했다. AD 9세기경 사라센 제국을 49년간이나 통치했던 압둘라만 3세의 이야기다.

행복의 조건은 무엇일까?

그것은 다름 아닌 기쁨과 만족과 감사와 사랑과 나눔에 있다.

나는 향기로운 차 한 잔을 통해서 행복을 느낄 때가 있고, 내 삶의 고마움을 느낄 때도 아주 많다. 건강을 위해 야산을 산책하다가 무심히 피어 있는 한 송이 들국화 꽃에 나는 행복할 수 있으며, 그 꽃을 통해서 하루에 필요한 정신적 양식을 얻을 수 있다. 또 사랑스런 가족으로부터 걸려오는 전화 한 통화를 통해서도 나는 행복하고, 좋은 글을 읽으면서 행복해진다.

행복은 이처럼 일상적이고 사소한 데 있는 것이지, 크고 많은 데 있는 것이 아니다. 사람이라면 누구나 일상적인 경험을 통해서 늘 행복을 확인할 수 있다.

03

—

🌱

소유와 행복은 비례하지 않는다

나는 베이비부머 세대인데, 베이비부머 세대는 참 어려운 시절을 겪었던 세대이다. 집집마다 자녀들이 보통 7~10명 가까이 있고, 먹을 것은 부족하고 가난한 시대였다. 그러나 그때는 형제간의 우애가 더 돈독하고 행복했던 것으로 기억한다. 그때를 생각하면 지금은 부족한 것이 없고 모든 것이 다 풍족하다.

사람들은 많이 가지면 행복할 것이라고 생각지만 행복은 소유에 비례하지 않는다. 오늘 우리가 사는 현실은 어쩌면 너무 많이 가지고 있기 때문에 불행한 것 같다. 많은 것을 소유하고 있기 때문에 근심이나 걱정, 불행 등의 문제도 많은 것이다. 또한 너무 많은 것을 가지고 있기 때문에 복음을 받아들이지 않는다.

동쪽 나라의 임금님이 병에 걸려 앓아누워 있었다. 아무리 치료해도 임금님의 병은 차도가 없었다. 그러던 어느 날, 한 나그네가 찾아와 행복한 사람의 속옷을 입으면 병이 나을 것이라는 말을 남기고 홀연히 떠났다.

임금은 아들인 왕자에게 명령해 온 나라 방방곡곡에 신하들을 보내 행복한 사람을 찾아오라고 명령했다. 그러나 발이 부르트도록 돌아다니며 찾아보았지만 왕자와 신하들은 어디에서도 행복한 사람을 찾아낼 수가 없었다. 해가 뉘엿뉘엿 기우는 저녁 무렵, 왕자도 이제 궁으로 돌아가려던 참이었다. 바로 그때 길가 가난한 오두막집에서 행복에 찬 기도 소리가 들려왔다.

"하나님 아버지, 오늘 하루도 저에게 먹을 것을 주시고 이렇게 무사히 지낼 수 있게 해 주셔서 감사합니다."

왕자는 기뻐하며 신하를 시켜 금은보화를 대가로 주고 그 행복한 사람의 속옷을 가져오라고 했다. 그런데 안타깝게도 그 사람은 하도 가난해서 속옷조차 입고 있지 않았더란다.

불행이란 어쩌면 너무 많은 것을 가지고 있거나 가지려고 하는 욕심에서 비롯된다. 빈손, 빈 마음일 때 비로소 우리는 사랑 때문에 가난하게 되시고 생명까지도 내놓으신 예수 그리스도 그분을 만나게 되며 그분께 진정한 행복을 배우게 된다.

찰스 H 스펄전은 "사람의 행복은 얼마나 많은 소유물을 가지고 있느냐에 달린 것이 아니라 그것을 얼마나 잘 즐기느냐에 달려 있다."고 했다. 행복은 물질의 양에 비례하지 않는다. 가장 행복하고 가치 있는 삶은 사랑을 나누면서 사는 삶이요 욕심을 비우는 삶이다.

04

🌱

행복은 섬김에 있다

나는 행복은 섬김에 있다고 말하고 싶다. 많은 사람들은 행복을 풍요 속에서 찾고자 하나, 오히려 풍요 속에서 행복을 찾지 못하고 공허하고 허전하며 갈증을 느낄 뿐이다. 행복은 풍요 속에 있지 않다. 행복해지는 비결은 즐거움을 얻기 위해서만 노력할 것이 아니라 노력 그 자체에서 즐거움을 발견하는 데 있다.

'장 바니에'라는 사람이 있었는데 그는 캐나다 외교관의 아들로 태어나서 해군 장교로 복무했고, 철학을 공부해서 토론토 대학에서 철학을 가르치다가 이웃을 위한 부르심을 받고 교수직을 그만두었다.

그러고는 1964년 프랑스의 트로즐리 브뢰이(Trosly-Breuil) 작은 마을에서 정신지체 장애인 두 사람을 섬기는 공동체 일명 '라르슈(발달 장애인 공동체'를 세웠다. 세상 사람들은 장애인들에 다 무관심하고 그들을 버렸지만, 그는 두 명의 장애인과 함께 살고 섬기면서 오히려 그들 안에서 예수님을 발견하고 진정한 행복을 누리고 있었다.

장 바니에의 이런 희망과 긍휼의 영성이 후에 많은 사람들에게 정신적으로 큰 영향을 주었다. 진정 행복한 사람은 명예나 명성을 얻고 세상에서 권세나 물질적으로 풍요를 누리는 사람이 아니라, 이렇듯 하나님을 사랑하고 이웃 사랑을 실천하는 사람이다.

당신은 지금 행복한가?

우리나라가 세계 13위 경제대국이라고 자랑하지만 국민들의 행복지수는 가난한 방글라데시에 미치지 못한다. 열악한 경제 환경 속에 물자난에 시달리는 코스타리카, 방글라데시, 쿠바와 같은 나라 국민이 미국이나 일본 등 선진국 국민보다 행복지수가 앞선다는 건 물질적 풍요가 행복의 조건이 아니라는 걸 증명한다.

천년의 갑절을 산다고 할지라도 미모와 부귀를 가져도 세상에서는 진정한 낙을 느끼지 못하는 인생. 그렇다면 인생에 있어서 진정한 행복이란 무엇인가?

마음에 하나님을 소유하지 못하고 영생의 기쁨을 가지지 못한 인생은 세상의 그 무엇을 다 가진다 할지라도 행복하지 못할 것이다. 은도 내 것이요 금도 내 것이요 모든 것의 주인이신 하나님을 소유할 때 만족과 행복이 있으며, 그 하나님을 사랑하고 이웃을 사랑하고 섬길 때 행복해진다.

05

🌱

행복은 실천에 있다

나는 보급형 3만 원이면 달 수 있는 하이패스를 달지 않는다. 왜냐하면 티켓과 카드를 주며 인사를 건네고 칭찬의 덕담을 건네기 위해서이다. 작은 실천이지만 나를 행복하게 하고 톨게이트 계산원을 행복하게 하는 비결이다. 미소 지으며 인사하는 나를 만나면 하루 종일 행복하다고 한다.

파스퇴르는 "행복은 마음의 준비가 있는 사람에게만 미소를 짓는다."라고 했다. 행복이란 바이올린 연주나 자전거 타기처럼 일부러 익혀야 하는 기술이요, 연습할수록 느는 삶의 습관이다. 행복은 실천함에 있다. 웃는 습관, 감사하는 습관, 사랑하는 습관, 나누고 베푸는 습관, 칭찬하는 습관, 인사하는 습관 등을 실천할 때 행복해지는 것이다.

고등학교 시절, 170명 중 169등을 한 미국 교포 2세 청년이 있었다. 대학 문턱은 밟지도 못했다. 하지만 그는 사회에 귀감이 된 사회사업가들에게만 수여하는 알베르트 슈바이처 인간 존엄 상을 열여덟 살에 수상했다. 그리고 1996년에는 미국에서 가장 영향력 있는 10대 상을 탔다. 2년 뒤에는 워싱턴포스트가 2개면에 걸쳐 '세계에서 가장 경이로운 스물두 살의 젊은이'라는 제목의 기사로 그의 스토리를 소개했다.

재미 한국인 환경운동가 대니 서(37세)의 이야기다. 그가 책을 한 권 썼는데 제목이 『작은 실천이 세상을 바꾼다』이다. 그는 하루 15분의 실천이 기적을 만든다고 주장하고 있다.

오늘날 우리는 아는 것이 너무 많으나, 아는 것을 실천하는 데는 너무나 부족하다. 너무나 많은 이들이 아는 것을 삶으로 이어 가지 않기 때문에 많은 이들에게 비난을 받는다. 아는 만큼 실천해야 하며, 구체적으로 온전히 실천하려고 결단하며 노력할 때 세상은 훨씬 더 밝고 아름답고 따뜻해질 것이다. 행복은 작은 실천에서 자란다.

06

행복은 연습이다

행복은 몸으로 실천하지 않으면 얻을 수 없다. 행복하기 위해 가장 중요한 것은 실천하는 것이다. 마틴 셀리그먼(Martin E. P. Seligman) 교수는 "행복은 좋은 유전이나 행운을 타고난 결과가 아니라 꾸준히 연습한 결과로 얻어지는 기술이다. 행복해지는 지름길은 연습이다."라고 했다. 행복은 그냥 주어지는 행운의 복권이 아니다. 부지런히 노력하고 연습해야 얻어지는 열매이다.

2009년 연말 「더 행복해질 수 있는가?」라는 주제로 미국 여러 대학에서 공동으로 연구된 논문 결과가 발표되었다. 미국 리버사이드 캘리포니아 주립대학 심리학과 소냐 류보머스키(Sonja Lyubomirsky) 교수가 중심이 된 이 연구 결과는 행복에 관한 12가지 공통된 요소가 있음을 밝혀냈다.

이 연구 결과를 담은 책이 『행복도 연습이 필요하다』이다. 이 책에서는 검증된 12가지 행복 연습 과제를 하나씩 소개하면서, 이 중에서 자기에게 가장 잘 맞는 방법들을 선택해서 꾸준히 실행할 것을 권하고 있다.

행복은 쫓아다니거나 기다리는 것이 아니라 지금 있는 곳에서 만들어 내는 것이다. 작은 행복을 민감하게 느끼고 지속적으로 유지할 수 있는 12가지 행복 연습 방법이다.

1. 목표에 헌신하라.
2. 몰입 체험을 늘려라.
3. 삶의 기쁨을 음미하라.
4. 감사를 표현하라.
5. 낙관주의를 길러라.
6. 과도한 생각과 사회적 비교를 피하라.
7. 친절을 실천하라.
8. 인간관계를 돈독히 하라.
9. 대응 전략을 개발하라.
10. 용서를 배워라.
11. 종교 생활과 영성 훈련을 하라.
12. 몸을 보살펴라.

소냐 류보머스키 교수는 "행복을 결정하는 요소가 유전형질

50%, 환경 10%, 의도적 활동 40%로 이루어져 있기 때문에 행복
은 연습이다."라고 말한다. 연습과 훈련과 실천을 통해 행복해질
수 있다. 행복은 연습이다.

행복의 줄기

07

🌱

행복은 행복한 생각에서 출발한다

모든 행복은 행복한 생각에서 출발한다. 생각은 눈에 보이지 않는다. 보이는 것은 보이지 않는 것에서부터 온다. 가시적 현실은 비가시적 생각이 자란 열매이다. 행복한 생각을 심으면 행복한 인격이 나오고, 행복한 인격을 심으면 행복한 인생이 나온다.

행복해하는 시간을 많이 가져라.
그리고 얼굴에 웃음을 자주 띠라.
팔을 높게 올리고 손뼉을 힘껏 치라.
힘차게 걷고 몸을 자주 흔들어라.
누구에게나 친절하고 자연과 자주 접촉하라.
좋은 말 한마디, 힘이 되는 글 하나를 깊이 간직하라.

좋은 공기 속에서 살거나 좋은 물을 계속 마시면 건강이 좋아지듯이 좋은 생각, 행복한 느낌을 자주 접하다 보면 어느새 행복하게 살고 있는 자신을 발견하게 될 것이다. 아리스토텔레스는 "자기를 행복하다고 생각하는 사람이 가장 행복한 사람이다."라고 했다.

인생은 작은 선택들이 모여 큰 선택들이 된다. 행복은 선택이다. 행복은 습관이다. 불행도 습관이다. 평소에 행복의 선택을 훈련함으로 나의 행복은 결정된다. 불행을 원치 않으면 불행한 생각을 버려야 한다. 불행한 생각을 선택해서 행복해지는 법은 없다.

우리의 삶을 바꾸는 짧은 말 한마디는 "행복은 행복한 생각에서 출발한다."는 것이다. 우리가 행복한 생각을 한다면 우리의 인생은 행복하게 되지만, 우리가 불행한 생각을 한다면 우리의 인생은 불행한 인생이 될 것이다.

보지 못하고 듣지 못하고 말하지 못했던 헬렌 켈러는 "나는 인생이라는 것을 참으로 아름답게 생각한다."고 말했고, 프랑스의 철학자 몽테뉴는 "인간은 저질러진 일 때문에 상처를 받는 것 이상으로 그 일에 대한 생각 때문에 더 많은 상처를 받는다."라고 했다.

할 수 있다고 생각하면 할 수 있고, 할 수 없다고 생각하면 할 수 없다. 좋은 생각을 하면 좋은 일이 일어나고, 나쁜 생각을 하면 나쁜 일이 일어난다. 그러므로 행복한 생각을 하면서 행복한 말을 하고, 성공한 모습을 생각하면서 긍정적인 말을 해야 한다.

행복은 긍정적인 생각에서 출발하며, 행복은 행복한 생각에서 출발한다. 긍정적인 생각이 행복이다.

08

🌱

부부의 행복

나는 목회를 하면서 교회에서 제공하는 사택에서 살았기에 아직 내 집도 없이 전셋집에서 살고 있다. 그것이 자랑은 아니지만 틈틈이 쉬는 날이면 아내와 여행을 한다. 지방에 강의를 가면 아내는 휴가나 연차를 내서 함께 동행하고 최고 좋은 숙박과 그 지방 맛집을 찾아 맛있는 음식을 먹는다. 그리고 그 지역 관광지를 둘러보며 사진을 찍고 둘만의 행복을 누리며 살고 있다.

한 부부가 숱한 고생을 하면서 돈을 모아 80여 평의 주상복합 아파트를 장만했다. 먹을 것 안 먹고 입을 것 안 입어 가면서 온갖 고생 끝에 장만한 아파트다. 거기다 최첨단 오디오 세트와 커피 머신을 사서 베란다를 테라스 카페처럼 꾸몄다. 이제 행복할 것 같았지만, 사실 두 부부는 이 시설을 즐길 시간적 여유가 없었다.

하루는 남편이 회사에 출근한 후 집에 무엇을 놓고 온 것을 뒤늦게 알게 되었다. 놓고 온 물건을 가지러 집에 갔는데, 이게 웬일인가? 가정부가 음악을 틀어 놓고 커피 한 잔을 뽑아서 베란다의 테라스 카페에서 집 안의 온갖 시설을 누리고 있는 게 아닌가?

부부는 허겁지겁 출근해서 바쁘게 일하고 다시 허둥지둥 집에 들어오기에 자신들이 장만한 시설을 즐길 시간적 여유가 없었다. 그들은 과연 행복한 삶을 사는 것일까?

그들은 더 넓은 아파트 평수, 더 좋은 오디오, 더 멋진 테라스 카페, 더 근사한 커피 머신을 사기 위해 밤낮으로 일한다. 그렇게 살다가 인생이 언제 끝날지 모른다.

행복은 목적지에 있지 않고 목적지로 가는 여정에 있다. 지금 즐겁게 재미있게 살아야 한다. 지금 행복해야 한다. 나중엔 어떻게 될지 모르기 때문이다.

당신의 행복을 책임질 사람은 오로지 당신뿐이다. 대부분의 사람들은 평생 안 먹고 안 쓰고 모아 놓았다가 병들어 죽게 된다. 죽는 순간까지도 움켜쥐고 불행하게 살다가 간다. 이것이 인생의 안타까운 현실이다.

09

행복 다이아몬드 광산

가정은 행복 다이아몬드 광산이다. 온 가족 온 식구가 서로 사랑하고 감사하고 기쁨도 슬픔도 함께 나눌 때 행복을 캐내는 다이아몬드 광산이 될 것이다. 옹달샘에서 생수를 퍼내듯 사랑과 기쁨과 행복을 퍼내는 곳이 행복한 가정이다.

이란 북부에서 농사를 지으며 행복하게 살아가는 한 농부가 있었다. 하루는 나그네 한 사람이 찾아와 이렇게 말했다.

"여보게, 이렇게 농사를 짓고 밥만 먹는 것으로 만족할 수 있겠나? 이 세상에는 다이아몬드라는 것이 있다네. 이 다이아몬드는 산 사이로 물이 흐르고 백사장이 있는 곳에 가면 있는데, 그것을 캐내기만 하면 자녀들을 일류 대학에서 공부시킬 수 있을 뿐만 아니라 큰 부자가 될 수 있을 걸세. 그러니 다이아몬드를 찾도록 하게.”

이 말을 들은 농부는 그때부터 시작해서 다이아몬드에 대한 탐욕을 갖기 시작했다. 그래서 이 농부는 농사짓는 일이 제 분수인 줄 모르고 다이아몬드를 찾겠다고 집과 전토를 다 팔고 가족들은 친구에게 부탁한 채 길을 떠났다.

이 농부는 일확천금의 탐욕을 갖고 영국을 다 돌고 유럽을 다 돌았다. 결국 이 농부는 노자를 다 써 버리고 초췌한 모습으로 이탈리아의 나폴리항까지 왔다. 그는 지친 몸으로 절망에 몸부림치다가 넘실대는 파도에 몸을 던져 자살해 버리고 말았다.

얼마간의 세월이 흘렀다. 그 농부의 땅을 산 사람이 어느 날 들에 나갔다가 반짝반짝 빛나는 검은 돌을 우연히 발견하게 되었다. 그래서 이 돌을 주워 자기 집에 장식품으로 진열해 두었다.

몇 년의 세월이 지나 그 나그네가 또다시 옛 농부의 집을 찾아가게 되었다. 집에 들어선 그 나그네는 이 돌을 보고 크게 놀랐다. 그것은 다름 아닌 다이아몬드 원광석이었기 때문이다. 결국 이 원광석은 잘 다듬어져 러시아 황제의 왕관에 박힌 다이아몬드가 되었다.

그러나 더 놀라운 일은 바로 죽은 그 농부의 집터에서 아프리카 다음으로 큰 다이아몬드 광산이 발견되었다는 점이다. 행복 다이아몬드 광산은 다른 데 있는 것이 아니라 바로 현재 당신의 가정이 행복 다이아몬드 광산이다. 내가 있는 그 자리가 행복 다이아몬드 광산인 것이다.

이것을 모르고 하나님의 뜻대로 살지 않고 탐욕을 갖고 살게 될 때 자신뿐만 아니라 자기에게 속한 모든 사람까지도 파멸로 이끌게 되고 마는 것이다. 가정을 행복 다이아몬드 광산으로 만들어 보자.

10

🌱

행복에는 기준이 없다

행복에는 기준이 없다. 낮은 곳이면 어디든 마다하지 않고 흘러가는 물처럼 행복은 호화로운 저택에도 들어가지만 쓰러져 가는 초가집에도 마다하지 않고 들어간다.

행복에는 조건이 없다. 어떠한 수준에 도달하면 행복하고, 만일 그렇지 않으면 불행하다는 기준이 정해져 있지 않다. 행복은 아무나 그것도 아무 때나 느낄 수 있는 것이고, 그것을 느끼는 횟수에도 제한이 없다.

그럼에도 불구하고 행복을 느끼지 못하는 것은 스스로가 행복의 기준을 정해 놓고 살아가기 때문이다. 불행하게 사는 사람들은 자신만의 행복 기준을 정해 놓고 있다. 예를 들면 내 집을 장만해야만, 멋진 자가용을 사야만, 잘생긴 아들을 얻어야만, 자식이 일류 대학에 진학해야만, 좋은 직장을 가져야만 하는 등의 명백한 기준을 삼고, 그렇지 않으면 불행하다고 스스로가 인정해 버린다. 그러니 어떻게 행복이 찾아들 수 있겠는가?

진정으로 행복을 느끼고 싶다면 어떠한 기준에 도달해야만 행복해질 수 있다는 행복의 기준을 정해 놓아서는 안 된다. 이미 정해져 있다면 그 기준은 버려야 한다. 행복의 기준을 정해 놓는 것은 행복을 불러들이는 것이 아니라 내쫓는 것이다.

행복의 기준이 정해지는 순간, 그 기준에 도달하지 못하는 행복은 느껴 보기도 전에 달아나 버리고 만다. 행복의 기준은 모두 다르다. 나라별로, 각 사람 개인별로, 행복의 기준은 모두 다르다. 그래서 사람마다 추구하는 가치가 다르고, 그렇기 때문에 모든 사람이 행복해지기란 쉽지 않다. 행복에는 기준이 없다. 그래야 행복하다.

PART 05

행복의 가지

행복은 문을 두드리며 밖에서 찾아오는 것이 아니라 나의 마음
안에서 꽃향기처럼 피어나는 것이다. 행복은 우리가 욕심을 버리
고 남에게 주느라고 여념이 없을 때 슬쩍 찾아와 피어난다. 움켜
쥐고 있는 행복은 씨앗이지만 나누는 행복은 향기로운 꽃이다.

01

일상 속에 있는 행복

나폴레옹은 "행복을 사치한 생활 속에서 구하는 것은 마치 태양을 그림에 그려 놓고 빛이 비치기를 기다리는 것이나 다름없다."고 했다.

행복한 사람의 특징이 있다. 행복한 사람은 매일의 생활 속에 사소한 것에서 행복하다고 고백한다는 것이다. 그런데 대부분의 사람들은 보통 행복을 크고 거창한 것에서 찾으려고 한다. 돈을 많이 벌어야, 지위가 높아져야, 힘 있는 사람이 되어야 행복할 것이라고 생각한다. 하지만 행복은 결코 큰 것도 화려한 것도 아니며 행복은 지극히 평범한 일상생활 속에 있다.

적은 것으로 만족할 때 평온해지고 적은 것에 만족할 때 진정으로 행복해진다는 것을 알게 될 것이다. 내게 주어진 현실이 만족하다고 생각될 때 자기다운 행복한 삶을 살 수 있다.

　영국의 어느 시골 마을에 조그마한 물방앗간을 가지고 가난하게 살아가는 사람이 있었다. 이른 아침부터 저녁 늦도록 일하고 나오면 그의 몸은 온통 밀가루와 땀으로 얼룩져 있었다. 그러나 날마다 즐거운 표정으로 노래를 부르며 집으로 향했다.

　"나는 그 누구도 부럽지 않아요. 지금의 생활에 만족하니까요. 나에겐 행복이 있으니까요."

　어느 날 국왕이 방앗간 앞을 지나가다가 행복한 노랫소리를 듣고 부럽고 궁금해서 행차를 멈추고 물방앗간 주인에게 물었다.

　"당신처럼 그렇게 만족하며 살 수 있는 비결이 무엇이오. 나는 어렵고 답답한 일들 때문에 늘 괴로울 뿐이오."

　그러자 방앗간 주인이 이렇게 대답했다.

　"그저 정성을 다하여 즐거운 마음으로 일할 뿐입니다. 이웃들 모두 제게 친절하고 저도 그들에게 명랑하게 대합니다. 또 이 냇물이 저 대신 방아를 찧어 주니 얼마나 감사한가요."

　주어진 현실에 만족하고 최선을 다하는 삶, 세상을 아름답게 바라보는 마음…. 이런 것들이 모여 행복과 기쁨이 되는 것이다. 행복은 거창한 데 있지 않으며 지극히 평범한 일상에서 만들어지고 느껴지는 것이다.

02

🌱

돈으로 살 수 없는 행복

마릴린 먼로는 생애 통산 33편의 영화에 출연을 했고, 결혼을 세 번이나 했다. 그녀는 1954년과 1962년 두 차례에 걸쳐서 골든 글로브(Golden Globe)에서 선정하는 세계의 영화 팬들이 사랑하는 남여배우(World Film Favorite)에게 수여하는 헨리에타 상(Henrietta Award)을 수상했다. 또한 그녀는 1960년 명예의 전당(Walk of Fame)에 입성했다.

그런 마릴린 먼로는 말하기를 "나는 한 여성이 지닐 수 있는 모든 것을 가졌습니다. 나는 젊습니다. 나는 아름답습니다. 나는 돈이 많습니다. 나는 사랑에 굶주리지 않습니다. 하루에도 수백 통의 팬 레터를 받고 있습니다. 나는 건강하고 부족한 것이 아무것도 없습니다. 미래에도 이렇게 살 수 있습니다. 그런데 웬일일까요? 나는 이렇게도 공허하고 이렇게도 불행합니다. 이유 없는 반항이라는 말도 있지만 나는 이유 없이 불행합니다."라고 했다.

행복을 찾고, 찾고 또 찾았지만 완전한 행복을 잡았다고 생각한 그 순간 행복은 무지개처럼 살짝 지나간다. 붙잡으면 현실이 아니다. 모래알처럼 새어 나가 버린다. 그것은 환상이고 환영이었다. 솔로몬의 "헛되고 헛되며 헛되고 헛되니 모든 것이 헛되도다."라는 말은 만고의 인간이 배워야만 할 지혜인 것이다.

아라비아 속담에 이런 말이 있다. "탐심은 벗어난 욕망이다. 그의 딸은 부정이요, 그의 친구는 폭력이다." 또한 "탐욕과 행복은 한 번도 얼굴을 마주친 적이 없다."라는 말이 있다.

도널드 트럼프는 얼마나 부자였던지 하루는 장난감 하나 사는 기분으로 2천9백만 달러짜리 요트 한 척을 샀다. 5층으로 되어 있으며, 100개의 방이 있고, 초대형 냉장고 6대에는 1백 명이 3개월 동안 먹을 음식을 저장할 수 있었다. 이발관, 미장원, 병원, 당구장, 식당, 오락실 등의 시설이 갖추어져 있었고, 영화관에는 800개의 영화 필름 도서실이 있었다.

그러나 이 배를 사고 겨우 1년 만에 트럼프는 "이 배에 있어도 전혀 즐겁지 않다."라고 말하였다. 그의 이야기는 돈으로 행복을 사려고 했으나 기쁨은 그런 데 있는 것이 아니라는 것을 아주 잘 보여주고 있다.

일찍이 독일의 신학자 알프레드 델프는 말하기를 "빵은 중요하다. 자유는 더 중요하다. 그러나 가장 중요한 것은 하나님께 대한 신앙이다."라고 했다.

하나님 없는 자유는 방종, 방탕, 탈선에 이르게 한다. 물질이 선한 물질이 되게 하고, 자유로 참자유가 되게 하고, 지식을 선하게 만들고, 권력을 봉사의 수단이 되게 하는 것. 그것이 바로 하나님께 대한 신앙이며 충성이다. 그러므로 가장 중요하고 가치 있고 복된 것은 신앙, 믿음, 말씀이다.

돈으로 행복을 살 수 없지만, 행복은 하나님을 믿는 신앙으로 얻을 수 있다.

03

🌱

사랑받을 때 오는 행복

빅토르 위고는 "인생 최고의 행복은 사랑을 받고 있다는 확신을 갖는 것이다."라고 했다. 누군가로부터 사랑을 받고 있다고 느낀 경험이 있을 것이다. 인간은 누구나 사랑받고 있다는 것을 느낄 때, 그 사랑이 깊고 신뢰할 만한 것일수록 엔도르핀이 샘솟고 깊은 행복감에 젖어 든다. 그럴 때는 몸과 마음의 모든 상처가 치료된다. 비로소 참된 의미의 완전한 행복을 누리는 것이다. 사랑받을 때가 가장 행복하다.

다음은 미국의 위마 의과 대학에서 실시한 실험의 결과이다. 대학 병원에 한 마리의 강아지가 있었다. 이 강아지는 사람들로부터 무척 사랑을 받았다. 누구나 이 강아지를 귀여워했고 가까이 오면 쓰다듬어 주기도 하고 먹을 것을 주기도 하였다.

그런데 한 의사가 이 강아지를 대상으로 실험을 하였다. 병원 내의 모든 사람에게 부탁하여 일주일 동안 이 강아지에게 쏟던 사랑의 표현을 중단하도록 한 것이다. 그래서 일주일 동안 사람들은 강아지가 꼬리를 치며 반가이 다가와도 모른 척하고 이상히 여긴 강아지가 더 반가이 따라다니면 귀찮다는 듯이 발길로 툭 차 버리기도 하는 등 애정을 끊어 버렸다.

일주일 후에 의사는 이 강아지의 혈액을 검사하였다. 그리고 놀라운 결과를 밝혀냈다. 강아지의 혈액이 탁하고 아드레날린이 증가하여 질병 상태에 있는 것을 발견한 것이다. 그 후 의사는 사람들에게 이전보다 더욱 사랑해 주라고 하였다. 사람들은 그렇게 하였고 일주일 후, 강아지의 혈액을 다시 검사한 결과 아드레날린의 양이 현저하게 줄고 질병도 떠나고 건강한 상태인 것을 발견했다.

사람이나 짐승이나 식물이나 사랑받고 사랑할 때 행복호르몬인 옥시토신이 분비되어 행복감을 느끼게 된다. 사랑이 행복이다.

04

🌱

고난으로 포장된 행복

인생이란 학교에는 고난이란 훌륭한 스승이 있다. 그 스승 때문에 우리는 더욱 단련되는 것이다. 고난은 축복이다. 왜냐하면 축복은 고난이란 수레를 타고 오기 때문이다. 승리나 성공은 가시밭길이나 고난의 통로를 타고 온다. 행복은 고난이라는 포장지에 싸여 있다.

서양 속담에 '흐르는 냇물에서 돌들을 치워 버리면 냇물은 노래를 잃는다.'는 말이 있다. 우리의 인생에 있어서도 역경과 고난의 돌을 치워 버리면 우리는 삶 속에서 아름다운 행복의 노래를 들을 수 없다.

옛날 예수를 잘 믿는 어떤 착한 사람이 죽은 후에 하늘나라에 갔더니 천사가 뭔가를 열심히 포장하고 있는 모습을 발견하였다. 그 사람은 궁금해서 물었다.

"천사님! 무엇을 그렇게 열심히 포장하고 계십니까?"

"예! 행복을 포장하고 있답니다. 사람들에게 전해 줄 행복이요."

"아니, 그런데 포장을 왜 그렇게 단단하고 튼튼하게 하세요?"

그러자 천사는

"네. 사람들에게 전해 주려면 멀기도 하고 시간도 많이 걸려서 튼튼하게 포장하고 있답니다."

"아! 그러셨군요. 그런데 그 포장지는 무엇으로 만들어졌나요?"

"네! 행복을 감싸고 있는 포장지는 고난이랍니다. 이것을 벗기지 않으면 행복이란 선물은 받을 수가 없답니다."

그러고선 천사는 바쁜 듯이 어디론가 가려 했다.

그 사람은 천사에게 다시 물었다.

"천사님! 그러면 그 고난이라는 단단하고 튼튼한 포장은 열 수가 없나요?"

천사가 대답하기를

"고난이라는 포장을 열 수 있는 열쇠는 바로 감사하는 마음입니다. 감사하는 마음으로 아름답게 살아가면 고난이라는 포장을 열고 행복이라는 선물을 받으실 거예요."

그 말을 남긴 채 천사는 사라져 버렸다.

혼자 걷는 길에는 예쁜 그리움이 있고, 둘이 걷는 길에는 사랑이 있지만, 셋이 걷는 길에는 우정이 있고, 우리가 걷는 길에는 나눔이 있다. 감사하는 마음으로 걷다 보면 어느 길이든 행복하지 않은 길은 없으니 감사가 곧 행복이다.

05

헌 운동화가 주는 행복

가난한 개척교회 목사님이 계셨는데, 지금은 좀 나은 생활을 하고 있지만 오래전에는 꽤나 어렵게 살았다고 한다. 그에게는 세 자녀가 있었는데 가을 학기가 되자 걱정이 이만저만이 아니었다. 두 아들과 딸 하나에게 새 운동화를 사 주어야 했다. 특히 두 아들은 언덕 비탈길에서 썰매를 타기 때문에 늘 신발이 빨리 떨어지는 것이었다. 또 아내는 세탁기가 고장 나서 빨래를 할 수가 없다고 아우성이었다.

목사님은 생활 정보지 광고란에서 중고품 세탁기를 파는 집을 발견해 그 집을 찾아갔다. 막상 집을 찾아갔지만 대문 앞에서 망설일 수밖에 없었다. 왜냐하면 너무 크고 훌륭한 저택이었기 때문이었다. 그러나 초인종을 눌렀고 주인 부부는 친절히 그를 맞이했다. 그들은 목사님에게 아주 싼값에 세탁기를 팔았다. 그래서 고마움을 금할 길이 없었다.

주인 부부와 대화를 나누던 끝에 무심코 자기의 아이들 얘기를 꺼내게 됐다. 두 녀석들이 언덕에서 썰매를 타면서 신발이 다 떨어졌고, 딸은 줄넘기를 해서 신발이 다 해졌는데 학교 가기 전에 새 운동화를 사 줘야 하기에 걱정이라고 말했다.

"아, 글쎄 그 녀석들이 애비의 주머니 사정을 더욱 어렵게 하지 뭡니까?"

그러자 갑자기 부인 얼굴이 이상해졌다. 그리고 방 안으로 급히 뛰어 들어가는 것이었다. 언뜻 보니 눈물을 흘리고 있었다. 당황스러운 목사님이 대단히 미안해하자 주인은 이렇게 대답했다.

"걱정 마세요, 당신이 실수한 것은 아무것도 없어요. 당신은 아이들 신발 때문에 걱정하셨지요. 우린 어린 딸이 하나 있는데 그 아이는 태어난 후 한 번도 걸음을 걸은 적이 없지요. 만약 우리 아이가 신발을 신고 한 켤레만 닳게 해서 못쓰게 할 수 있다면 우리에게는 그보다 더 큰 행복이 없을 겁니다."

행복을 느끼는 것은 각자가 다르다. 일상의 사소한 것에서 행복을 찾는 자만이 진정 행복을 누릴 자격이 있다.

06

—

🌱

나로부터 시작되는 행복

어릴 때는 나보다 중요한 사람이 없고, 나이 들면 나만큼 대단한 사람이 없으며, 늙고 나면 나보다 더 못한 사람이 없다.

돈에 맞춰 일하면 직업이고, 돈을 넘어 일하면 소명이다. 직업으로 일하면 월급을 받고, 소명으로 일하면 상급을 받는다. 칭찬에 익숙하면 비난에 마음이 흔들리고, 대접에 익숙하면 푸대접에 마음이 상한다.

문제는 익숙해져서 길들여진 내 마음이다. 집은 좁아도 같이 살수 있지만 사람 속이 좁으면 같이 못 산다. 내 힘으로 할 수 없는 일에 도전하지 않으면 내 힘으로 갈 수 없는 곳에 이를 수 없다. 사실나를 넘어서야 이곳을 떠나고 나를 이겨 내야 그곳에 이른다.

갈 만큼 갔다고 생각하는 곳에서 얼마나 더 갈 수 있는지 아무도 모르고, 참을 만큼 참았다고 생각하는 곳에서 얼마나 더 참을 수 있는지 누구도 모른다.

지옥을 만드는 방법은 간단하다. 가까이 있는 사람을 미워하면 된다. 천국을 만드는 방법도 간단하다. 가까이 있는 사람을 사랑하면 된다. 모든 것이 다 가까이에서 시작된다.

상처를 받을 것인지 말 것인지 또한 내가 결정한다. 또 상처를 키울 것인지 말 것인지도 내가 결정한다. 그 사람의 행동은 어쩔 수 없지만 반응은 언제나 내 몫이다.

산고를 겪어야 새 생명이 태어나고, 꽃샘추위를 겪어야 봄이 오며, 어둠이 지나야 새벽이 온다. 거칠게 말할수록 거칠어지고, 음란하게 말할수록 음란해지며, 사납게 말할수록 사나워진다.

결국 모든 것이 나로부터 시작되기 때문에 나를 다스려야 뜻을 이룬다. 모든 것은 나 자신에 달려 있으므로 행복은 나로부터 시작된다.

07

🌱

사라진 뒤에야 빛나는 행복

모든 일에는 항상 때가 있고, 때를 놓치면 뉘우쳐도 소용이 없다. "있을 때 잘해."라는 말이 있다. 떠난 뒤에 후회하지 말아야 한다는 의미이다.

부모에게 효도하지 않으면 돌아가신 뒤에 뉘우친다. 돌아가시고 나면 후회해도 이미 늦으니 소용이 없다.

아내와 남편에게 서로 사랑하고 잘해야 한다. 그렇지 않으면 떠난 뒤에 후회해도 소용이 없다.

가족에게 친하게 대하지 않으면 멀어진 뒤에 뉘우친다. 가까이 있을 때 가족에게 잘해야지 멀어진 뒤에는 소용이 없다.

젊어서 부지런히 배우지 않으면 늙어서 뉘우친다. 젊음은 오래가지 않고 배우기는 어려우니 젊을 때 부지런히 배워야 한다.

편안할 때 어려움을 생각하지 않으면 실패한 뒤에 뉘우친다. 편안할 때 위험에 대비해야 한다.

재산이 풍족할 때 절약하지 않으면 가난해진 뒤에 뉘우친다. 쓰기는 쉽고 모으기는 어려우니 근검절약해야 한다.

봄에 씨를 뿌리지 않으면 가을에 뉘우친다. 봄에 밭을 갈고 씨를 뿌리지 않으면 가을이 되어도 거둘 곡식이 없다.

물고기는 물속에 있을 때는 그 어느 곳으로든 갈 수 있는 자유와 행복을 가지고 있다. 하지만 물고기는 자신이 자유롭고 행복한 존재라는 사실을 알지 못한다. 사람들이 쳐 놓은 그물에 걸려 땅 위에 올라오고 난 후에야 비로소 그때가 행복했었다는 사실을 알게 된다.

사람 또한 마찬가지이다. 가지고 있을 때는 모르다가 꼭 잃어버린 후에야 뒤늦게 행복이 무엇인지 깨닫게 되는 못난 습성이 있다. 행복은 공기 같은 것이다. 보이지도 않고 만질 수도 없지만 어느 곳에

나 있는 것이다.

영국 속담 중에 "행복은 사라진 후에야 빛을 낸다."라는 말이 있다. 사람들이 행복의 실체를 보고 만질 수 있다면 그것이 떠나가기 전에 소중히 다루련만, 행복은 언제나 떠나가면서 제 모습을 사람들에게 보여 준다.

08

🌱

작은 집의 행복

집은 우리가 살고 있는 공간이다. 그러기 때문에 우리 문화의 중요한 부분이고, 라이프스타일을 드러내는 중요한 공간이기도하다. 그렇지만 우리나라의 집은 부와 투기의 공간으로 자리 잡은 지 오래다.

살기 편하고 생활하기 좋은 집보다는 가격이 잘 오르는 집, 프리미엄이 잘 붙은 집을 더 좋아한다. 그래서일까, 다 짓지도 않은 집이 분양권을 거래하는 특이한 시장 구조를 가지고 있다. 한쪽은 집 값이 안 오른다고 난리고, 다른 한쪽은 마음 편히 두 다리 뻗을 곳이 없어서 또 난리이다. 집은 우리의 신분이나 경제적 능력, 사회적 지위를 그대로 나타내 주는 광고판 역할을 한다.

수많은 젊은이들로부터 존경을 받던 한 사람이 자기가 살 집을 지었다. 젊은이들이 돕겠다고 자청하고 나섰지만 이 사람은 고개를 저었다. 젊은이들이 보니 이 스승의 집이 너무 작은 것 같았기 때문이다.

"선생님 같으신 분이 이런 작은 집에서 사시다니요."

스승이 대답했다.

"작은 집이라도 진실한 친구들로 가득 채울 수 있다면 가장 행복한 사람이 아니겠나?"

고대 그리스 철학자 소크라테스의 이야기이다.

세기의 영웅 나폴레옹은 세계를 향해 자신의 영토를 확장해 나갔다. 그는 사람들이 부러워할 것은 다 가졌고 지배와 소유의 정상에서 인생의 성취감도 누렸다. 그러나 죽을 때 그는 "내가 진정 행복했던 때는 단 ▨일밖에 없었다."라고 고백했을 만큼 불행한 사람이었다.

여기에 비해 헬렌 켈러는 듣지 못하고 보지 못하고 말하지 못했지만 말년에 과거를 회상하며 말하기를 "내 인생은 기쁘고 행복한 나날이었다."고 고백했다.

인생의 행복은 소유와 지배에 있는 것이 아니라 마음가짐에 있다. 비록 가진 것이 적어도 사는 집이 작아도 만족하고 자족하는 마음을 가질 때 행복한 것이다.

09

욕심 때문에 잃어버리는 행복

인간은 행복해야 한다. 그렇다면 행복이 무엇인지 알아야 한다. 행복은 별다른 것이 아니다. 욕심을 줄이고 만족할 줄 아는 것이 행복이다.

세상이 망하는 이유가 무엇인가?
세상이 불행해지는 이유가 무엇인가?
능력이 없어서가 아니다. 재수가 없어서가 아니다. 안 따라 주는 운 탓도 아니다. 욕심 때문에 망하고, 욕심 때문에 불행해지고, 욕심 때문에 행복을 잃어버리는 것이다.

이솝우화 가운데 「황금 알을 낳는 거위」 이야기가 있다. 욕심이 많은 한 노부부가 장에 나가서 암컷 거위를 사 왔다. 그런데 다음 날 그 거위가 알을 낳았는데 알에서 황금빛이 나는 게 아닌가? 혹시나 하고 알을 보았더니 진짜 황금으로 된 알이었다. 그리고 계속해서 황금 알을 낳는 거위 덕분에 노부부는 곧 부자가 되었다.

그러던 어느 날, 노부부는 황금 알을 낳는 거위의 배를 가르면 훨씬 더 많은 알이 쏟아져 나오겠지 하고 거위를 잡아 배를 갈랐다. 하지만 잔뜩 기대하고 가른 거위의 배는 보통 거위와 다를 것이 전혀 없었다. 노부부는 "아, 우리가 너무 욕심을 부렸구나." 하고 후회를 했지만 이미 지나간 일이었다.

욕심을 버린 자는 뙤약볕이 내리쬐는 여름날에도 견딜 수 있는 커다란 나무그늘 하나를 마음속에 가진 자이다. 욕심을 버린 자는 찬 바람이 세차게 몰아치는 광야에서도 견딜 수 있는 따스한 동굴 하나쯤 마련해 가지고 사는 사람이다.

행복은 문을 두드리며 밖에서 찾아오는 것이 아니라 나의 마음 안에서 꽃향기처럼 피어나는 것이다. 행복은 우리가 욕심을 버리고 남에게 주느라고 여념이 없을 때 슬쩍 찾아와 피어난다. 움켜쥐고 있는 행복은 씨앗이지만 나누는 행복은 향기로운 꽃이다.

행복의 가지

10

노력에서 오는 행복

행운과 행복을 바라지 않는 사람은 없다. 그것을 얻기 위해 욕심을 부려 그 지름길로 가려고 부정한 방법을 쓰는 사람이 있다. 하지만 옳지 않은 일이다. 오로지 일을 통해서 얻어야 한다.

행운이란 노력 없이 거저 얻는 뜻밖의 횡재를 말한다. 하지만 이러한 행운이란 거의 찾아오지 않는다. 그런데도 많은 사람들은 아직도 일확천금을 노리고 복권을 사고 카지노 문을 두드린다. 서양 속담대로 낙타가 바늘구멍을 통과하는 일만큼이나 어려운 일인데 말이다.

우리 사회 곳곳엔 허황된 꿈을 꾸는 사람들이 의외로 많은 것 같다. 행운은 좀처럼 오지 않는다는 것을 기억하라. 그보다는 행복한 일을 하라. 행복한 일을 한다는 것은 그만큼 더 큰 행복의 기회를 가질 수 있다는 의미이다.

노력은 성공의 어머니이다. 기도는 하늘의 축복을 받고 노동은 땅에서 축복을 파낸다. 기도는 하늘에 차고, 노동은 땅에 차니, 이 둘이 당신의 집에 행복을 실어다 줄 것이다.

성공은 근면에 의해 얻어진 것이다. 두 개의 손과 한 개의 입을 가지고 있다. 그 뜻을 잘 생각해 봐야 한다. 두 개는 노동을 위하여, 한 개는 식사를 위하여 있는 것이다.

대개 행복하게 지내는 사람은 노력가이다. 게으름뱅이가 행복하게 사는 것을 보았는가? 노력의 결과로써 얻는 성과 없이는 참된 행복을 누릴 수 없다. 수확의 기쁨은 흘린 땀에 정비례하는 것이다.

사실 어떤 행복도 그냥 찾아오는 것은 없다. 그만한 대가를 지불해야 얻을 수 있는 것이 행복이다. 그러므로 가만히 앉아서 행복을 기다리는 것처럼 어리석은 일은 없다. 노력 없이 행복을 얻으려고 하는 것은 행복에 대한 어리석음이다. 행복은 노력에서 오는 것이므로 노력하는 만큼만 미소를 지으며 다가올 것이다.

행복은 먼 데 있는 것도 아니고 남이 가져다주는 것도 아니고 내가 손수 만드는 것이다. 먼저는 내가 행복해야 남이 행복하다. 내가 행복해야 내 가족이 행복하고, 내가 행복해야 내 동료가 행복해진다.

행복도 즐거워하는 사람에게 오지, 찡그리고 짜증내는 사람에게 오지 않는다. 큰 행복을 바라고 기대하기보다는 작은 것이라도 소중히 여기고 감사할 줄 알 때 행복은 찾아온다.

11

잃어버리기 쉬운 행복

행복은 잃기가 쉽다. 그것은 항상 분에 넘치는 것이기 때문이다. 우리들은 건강과 질병에서 보듯이 평소 건강할 때에는 건강에 대한 행복감을 모른다. 건강을 잃고 병마에 시달릴 때 비로소 건강을 되찾고자 몸부림친다. 병마는 몸으로 하여금 고통과 외로움을 안겨준다. 하지만 우리가 건강할 때는 아무 이상도 느끼지 못한다.

행복도 이와 마찬가지이다. 우리가 행복에 취해 있을 때에는 느끼지 못하던 것을 이것을 잃었을 때 비로소 고통에 의해 그 소중함을 맛보게 되는 것이다. 많은 사람들은 가지고 있던 것을 잃고 나서야 '나는 행복했었는데….'라며 후회한다.

어떤 사람이 있었다. 그는 남보다 넉넉한 삶을 살면서도 자신이 불행하다고 생각했다. 아버지가 물려준 많은 재산에도 불구하고 그는 항상 부족하다고 생각했다. 그는 더 많은 돈을 벌기 위해 사업을 시작했다. 하지만 그만 일이 잘못되어 전 재산을 날리게 되었다. 결국 그렇게 찬란했던 희망은 사라지고 끝내 스스로 목숨을 끊게 되었다.

한번 행복이 찾아왔다고 해서 행복이 항상 그대로 있는 것은 아니다. 행복이 오래토록 자신 옆에 있기를 원한다면 자만하지 말고 게으르지 말고 늘 진실해야 한다.

미리암 프레슬러는 자신의 저서『행복이 찾아오면 오래 머물 수 있게 의자를 내주세요』에서 행복이 내 곁에서 편히 오래 머물도록 하는 방법에 대해 이야기한다. 사람은 누구나 행복이 찾아오기를 기다린다. 그리고 그 행복이 오래도록 머물기를 바란다. 그럴 때는 행복이 찾아오면 의자를 내주라고….

HAPPINESS..

PART 06

행복의 꽃

나누고 베푸는 것이 건강의 비결이요, 행복의 비결이며 축복받
는 비결이요, 하나님의 뜻이다. 많이 심는 자는 많이 거두게 되
고 적게 심는 자는 적게 거두게 되고 심은 것이 없으면 거둘 것
이 없다. 나누고 베풀면 우리 모두 행복해진다. 나눔과 베풂이
행복이다.

01

—

🌱

웃음과 행복

사람들은 나를 가리켜 '웃음천사'라고 하며 웃는 미소는 '백만 불짜리'라고 한다. 왜냐하면 항상 웃고 미소를 짓는 얼굴이기 때문이다.

링컨은 나이 40이 되면 자기의 얼굴에 책임을 지라고 했다. 얼굴은 인생의 성적표요, 삶의 성적표이다. 당신의 얼굴을 이 세상에서 가장 아름다운 웃음보석으로 장식해 보라. 얼굴이 빛나고 인생이 빛나며 행복해질 것이다. 웃음 띤 얼굴이 그려지게 해 보자.

웃으면 행복해진다. 엔도르핀과 같은 행복 호르몬이 분비되기 때문이다. 행복해지기를 바란다면 언제나 밝게 웃으면 된다. 그리고 행복한 가정을 만들고 싶다면 가정에 웃음소리가 가득하게 하면 된다. 웃음이 넘치는 가정이 행복한 가정이요 복받은 가정이다. 아무리 힘들고 어려워도 웃다 보면 행복한 가정으로 바뀌게 된다. 사회도 마찬가지다. 웃음소리 가득하게 하면 이 세상은 행복해질 것이다.

웃는 사람이 행복한 사람이다. 행복해서 웃는 것이 아니라 웃기 때문에 행복하다. 여전히 웃을 수 있다면 당신은 가난하지 않고 행복한 사람이다.

최고의 화장법은 웃음화장이요, 최고의 아름다운 꽃은 웃음꽃이다. 최고의 신나는 소리는 웃음소리요, 최고의 마케팅은 웃음이다. 최고의 브랜드는 웃음이요, 최고의 선물은 웃음이며 최고의 아름다운 보석은 웃음이다.

웃는 사람에겐 깜깜한 밤에도 해가 뜨고 눈보라가 몰아치는 겨울에도 꽃이 핀다. 웃는 사람은 어떠한 고난에도 감사할 수 있다. 자, 이제 대한민국 방방곡곡 웃음꽃 활짝 피워 웃음의 향기 그윽하게 하자. 웃음소리 진동하여 온 국민들 춤추게 하자. 웃음 가득하게 하여 그리스도의 계절이 오고 하나님의 나라가 이 땅에 임하게 하자. 웃음이 행복이다.

감사와 행복

탈무드의 지혜에 보면 "세상에서 가장 강한 사람은 자신을 이기는 사람이요, 가장 지혜로운 사람은 배우는 사람이요, 가장 행복한 사람은 언제나 감사하는 사람이다."라고 했다.

인도의 시성 타고르는 "감사의 분량은 곧 행복의 분량이다."라고 했다. 감사가 많으면 행복도 커지는 법이다. 감사는 행복의 비결이다. 감사가 행복 경쟁력이다.

빌헬름 웰러가 "가장 행복한 사람들은 가장 많이 소유한 사람들이 아니라, 가장 많이 감사하는 사람들이다."라고 했듯이 행복은 소유에 정비례하기보다는 감사에 정비례하는 것이다. 감사한 만큼 인생은 행복해진다.

아리스토텔레스는 "행복은 감사하는 사람의 것이다."라고 말했

다. 감사는 행복의 문을 여는 열쇠이다. 감사는 행복의 종을 울리게
한다. 결국 행복은 감사하는 사람에게 흘러 들어간다.

성경은 한 영혼이 천하보다 귀하다고 했다. 그만큼 가치 있는 귀
한 존재라는 것이다. 그 무엇과도 바꿀 수 없는 것이 우리의 몸이요
생명이다.

생명 없는 내 몸의 가치는 얼마나 될까?

인간의 육체는 약 65%가 수분이다. 인체를 구성하고 있는 물질을
화학적으로 분석해 보면 우리 인체가 흙과 같은 물질로 되어 있음을
알 수 있다. 약 70㎏의 체중을 가진 사람을 기준으로 했을 때 인체
를 이루고 있는 물질들은 비누 7개에 해당하는 지방, 조그만 공간을
칠할 만한 양의 석회, 13㎏의 코크스와 맞먹는 탄소, 성냥 2,200개
비 분의 인, 2.5㎝짜리 못에 해당하는 철, 한 숟가락 정도의 유황,
30g 정도의 비철금속이 포함되어 있는데 이를 광물질로 따지면 불
과 5달러 정도의 가치가 있다. 물질적으로만 따진다면 영혼이 없는
우리의 몸은 한우쇠고기 1근 값도 안 된다.

그러면 생명이 붙어 있는 우리 몸의 가치는 얼마나 될까?

우리의 몸에 감사의 이유가 있다면, 만약 뇌사자의 각막 하나를
구입하려면 일억 원이 필요하고, 양쪽 눈에 두개를 갈아 끼우면 2억
이 든다. 신장을 바꾼다면 1개에 3천만 원에서 5천만 원이 들고, 심
장을 바꾼다면 5억이 든다. 간을 이식하는 데는 7천만 원이 들고,
팔 다리가 없어 의수와 의족을 끼워 넣으려면 더 많은 돈이 든다.

지금 두 눈을 뜨고 두 다리로 건강하게 걸어 다니는 사람은 약 51

억이 넘는 재산을 지니고 다니는 50억대 부자인 것이다.

갑작스런 사고로 구급차에 실려 갈 때, 산소 호흡기를 쓰면 한 시간에 36만 원을 내야 한다. 눈, 코, 입을 갖고 두 다리로 걸어 다니면서 공기를 마시고 있다면 하루에 860만 원을 버는 셈이다. 51억짜리 몸에 하루에 860만 원씩 공짜로 받을 수 있는 사람이라면 얼마나 감사할 일인가?

그런데 왜, 우리는 늘 불행하다고 생각하는가?

그 이유는 욕심이 많아서 그렇다. 감사하지 못하는 사람에게는 기쁨이 없다. 기쁨이 없다는 이야기는 결국 행복하지 않다는 말이다. 감사하는 사람만이 행복할 수 있고, 감사하는 사람은 행복이라는 정상에 올라가 있다. 행복한 마음으로 하루하루를 감사하는 맘으로 살아가자. 감사가 행복이다.

03

사랑과 행복

사랑은 서로 아끼고 서로 위하며 한없이 서로 베풀어 주며 이해하며 참아 주는 것이다. 사랑은 육체의 건강을 회복시켜 주며 사랑하면 몸도 마음도 건강해진다. 사랑은 건강이요 행복이다. 사랑은 최고의 치료제이다. 육체의 질병뿐 아니라 상처받은 마음과 정신적 질병과 환경의 아픔을 치료하는 명약이다.

미국 뉴욕에 에드워드라는 기독교 병원이 있다. 그곳은 세계에서 가장 사랑이 많은 병원이라고 한다. 이곳에서는 어린아이들을 치료하는데, 다른 병원에서는 고치지 못하는 병을 다 고친다고 한다.

많은 의사와 제약회사들이 그 비결이 무엇인지를 물었다. 그 병원의 에드워드라는 의사가 말하기를 "우리가 쓰는 약은 T. L. C입니다."라고 했다. 그렇지만 이런 약은 처음 들어 보는 약 이름이었다.

에드워드 의사가 이 약에 대해서 설명을 했는데 T. L. C는 각 각 'Tender', 'Love', 'Care'의 약자로 '부드러운 사랑으로 치료를 한다.'는 뜻이었다. 약 한 알을 줄 때도 사랑의 마음으로 부드럽게 치료하면 효과가 더 크다는 것이다. 그곳에 모였던 사람들은 깊은 깨달음을 얻게 되었다. 그래서 그 의사의 이름을 따서 '에드워드 기독교 병원'이라고 불렀다.

칼 메닝거 박사는 "사랑은 인간을 치료한다. 그것을 주는 사람과 받는 사람 양쪽 모두를….."이라고 했다. 마음의 병을 치유하는 최고의 묘약은 사랑이다. 사랑은 마음의 병을 치유한다. 사랑은 닫힌 마음을 열어 준다. 사랑은 슬픔을 치료한다. 사랑은 두려움을 치료한다. 사랑은 최고의 명약이다.

피카소(P. R. Picasso)는 "사랑은 삶의 최대 청량제이자, 강장제이다."라고 했다. 사랑은 인생을 아름답게 하며 사랑은 삶에 활력을 주는 활력소이다. 사랑은 힘의 원천이다.

주님의 사랑이 우리를 치유하셨다. 채찍에 맞음으로 우리는 나음을 입었다. 하나님은 사랑이다. 사랑은 허다한 죄를 덮어 준다. 사랑이 행복이다.

04

나눔과 행복

주는 것이 더 기쁠까, 아니면 받는 것이 더 기쁠까? 당연히 받는 것이 더 기쁘다고 생각할 것이다. 그러나 주는 것이 받는 것보다 더 복이 있다. 이것은 옹달샘의 법칙이다. 옹달샘은 푸면 풀수록 깨끗한 생수가 솟아난다. 아깝다고 그대로 두면 썩고 변질되고 만다. 받기만 하는 사해바다는 염분이 많아 아무런 생명체가 살 수 없는 죽음의 바다가 되었다.

사랑을 줄 수 있는 자도 아름다운 자이며, 사랑을 받을 수 있는 자도 아름다운 자이다. 사랑을 줄 수 있는 자도 행복한 자이며, 사랑을 받을 수 있는 자도 행복한 자이다. 세상에서 가장 불행한 사람은 자기밖에 모르는 사람이며, 자기밖에 모르는 사람은 사랑을 느낄 수 없으며, 사랑을 느낄 수 없는 사람은 행복도 느낄 수 없다.

행복의 꽃

백만장자 록펠러의 유년 시절은 가난했다. 그러나 열심히 노력하여 33세에 백만장자가 되었고, 43세에 미국의 최대 부자가 되었고, 53세에 세계 최대 부자가 되었다. 그렇지만 행복하지 않았다.

그러던 중 그는 55세에 불치병에 걸리고 말았다. 모든 병원의 의사들은 수명이 1년밖에 남지 않았다고 선고하였다. 그가 희망을 잃은 마음으로 최후의 검진을 위해 휠체어를 타고 갈 때, 병원 로비에 걸려 있는 액자의 글이 눈에 들어왔다.

"주는 자가 받는 자보다 복이 있다."

그 글을 보는 순간, 마음속에 전율이 생기고 눈물이 났다. '나는 지금껏 모으기만 했지 줄 줄을 몰랐구나.' 선한 마음이 온몸을 감싸는 가운데 눈을 지그시 감고 자기가 살아온 삶에 대하여 깊은 생각에 잠겼다.

조금 후 시끄러운 소리에 정신을 차리게 되었는데, 어머니가 딸의 입원비 문제로 애걸하며 다투는 소리였다. 병원 측은 입원비가 없으면 입원이 불가하다 하고, 어머니는 입원시켜 달라고 울면서 사정하고 있었다.

록펠러는 곧 비서를 시켜 소녀의 병원비를 지불하고 누가 지불하였는지 모르게 하였다. 얼마 후 은밀히 도운 소녀가 기적적으로 회복되어 퇴원하는 모습을 조용히 지켜보던 록펠러는 얼마나 기뻤던지 후일 그의 자서전에서 이렇게 표현했다.

"저는 인생을 살면서 이렇게 행복한 삶이 있는지를 몰랐습니다. 나누는 삶의 행복을 알게 된 것입니다."

그때부터 그는 나누는 삶을 작정하고 록펠러 재단을 설립하였다. 학교를 세우고 전 세계 가난한 나라를 도와주기 시작했다. 그와 동시에 신기하게도 그의 병이 치료되기 시작하였다.

그 뒤 그는 98세까지 살면서 나누는 일에 힘쓰고, 선한 일을 하는 데 인생을 바쳤다. 그에게 새로운 별명이 붙었다. '자선왕' 록펠러. 세월이 흐른 후에 그는 회고했다. "인생 전반기 55년은 쫓기면서 불행하게 살았지만, 후반기 43년은 참으로 행복하게 살았노라."고.

주는 것이 받는 것보다 더 복이 있다. 물질이 있으면 물질을 베풀고, 시간이 있으면 시간을 베풀고, 재능이 있으면 재능을 베풀고, 몸이 건강하면 몸으로 베풀면 된다. 베푸는 삶이 행복한 삶이다.

어떤 청년이 유대 랍비를 찾아가 호소하였다.

"저는 하는 일마다 제대로 되는 일이 없으니 이 무슨 이유입니까?"

랍비는 "그것은 네가 남에게 베풀지 않았기 때문이니라."

"저는 아무것도 가진 게 없는 빈털터리입니다. 남에게 줄 것이 있어야 주지, 대체 뭘 준단 말입니까?"

"그렇지 않느니라. 아무리 재산이 없더라도 줄 수 있는 일곱 가지는 누구나 다 있는 것이다. 첫째는 화안시(和顔施), 얼굴에 화색을 띠고 부드럽고 정다운 얼굴로 남을 대하는 것이니 이는 얼굴의 베풂이요. 둘째는 안시(眼施), 호의를 담은 눈으로 사람을 보는 것처럼 눈으로 베푸는 것이요.

셋째는 언시(言施), 말로써 얼마든지 베풀 수 있으니 사랑의 말,

칭찬의 말, 위로의 말, 격려의 말, 양보의 말, 부드러운 말 등이다. 넷째는 심시(心施), 마음의 문을 열고 따뜻한 마음을 주는 것이니 이는 마음의 베풂이요. 다섯째는 신시(身施), 몸으로 때우는 것으로 남의 짐을 들어 준다거나 일을 돕는 것이니 몸의 베풂이요.

여섯째는 좌시(座施), 때와 장소에 맞게 자리를 내주어 양보하는 것이니 이는 자리의 베풂이요. 일곱째는 찰시(察施), 굳이 묻지 않고 상대의 마음을 헤아려 알아서 도와주는 것이니 이는 삶의 베풂이니라. 네가 이 일곱 가지를 행하여 습관이 붙으면 너에게 행운이 따르리라."라고 했다.

"주라. 그리하면 너희에게 줄 것이니 곧 후히 되어 누르고 흔들어 넘치도록 하여 너희에게 안겨 주리라."(눅 6:38)고 했다. 주고 베풀고 나누는 것이 건강의 비결이요, 행복의 비결이며 축복받는 비결이요, 하나님의 뜻이다.

많이 심는 자는 많이 거두게 되고, 적게 심는 자는 적게 거두게 되고, 심은 것이 없으면 거둘 것이 없다. 나누고 베풀면 너도 살고 나도 살고 너도 행복하고 나도 행복해지며 우리 모두 행복해진다. 나눔과 베풂이 행복이다.

05

🌱

긍정과 행복

인간은 생각하는 동물이다. 사람들은 하루에도 오만가지 생각을 하는데 그중 74%가 부정적인 생각이고, 22%는 쓸데없는 생각이며, 긍정적인 생각은 4%에 불과하다.

사람은 자신의 생각에 따라 새로운 감정이 생긴다. 우울한 생각을 하면 우울한 감정이 생기고, 감사의 생각을 품으면 감사할 일들이 계속 생긴다. 표정도 밝아지고 행복감도 갖게 된다. 표정이 밝은 사람은 주위를 즐겁게 한다. 그러므로 내 속에 어떤 생각을 갖느냐가 중요하다.

긍정적인 생각이 인생을 바꾼다. 인생은 환경을 어떻게 보느냐에 따라 두 가지로 나뉘는데 부정적으로 보면 부정적인 인생을 살고 긍정적으로 보면 긍정적인 인생을 산다. 긍정적인 사람과 부정적인 사람은 그 인생이 완전히 달라진다. 따라서 긍정이 인생을 바꾸고 행복해지는 비결이다.

1991년 9월에 사과 재배로 유명한 일본 아오모리현에 기록적인 태풍이 불어닥쳤다. 1년 동안 땀 흘리며 재배했던 사과들의 90%가 떨어져 버렸다. 농민들은 비탄에 빠지고 애꿎은 하늘만 원망했다.

이런 절망적인 상황에서도 "상관없어."라고 말하며 웃음을 잃지 않은 긍정적인 사람이 있었다. 그 사람은 떨어지지 않은 10%의 사과를 가지고 '합격 사과'라는 상표를 붙여 시장에 내다 팔았다. 보통 사과에 비해 10배 이상 비싼 값이었지만 불티나게 팔려 나갔다.

특히 엄청난 위력의 태풍 속에서도 떨어지지 않았다는 사실 때문에 수험생들에게 폭발적인 인기를 얻었다. 떨어지지 않았을 때보다 더 많은 매출을 올렸으며 '합격 사과'라는 브랜드를 만들어 낼 수 있었다.

우리나라에도 몇 해 전 수능 때가 되면 백화점에 '합격 사과'라는 상품이 출시되었다. 그러나 지금은 사라졌다. 왜 그 좋은 브랜드가 사라졌을까? 그 상표를 붙이려면 비싼 로열티를 지불해야 한다. 그러면 비싸게 팔아도 타산이 맞지를 않는 것이다.

잃어버린 90% 때문에 절망하지 않고 남은 10%에 희망을 갖는 것이 바로 긍정이요 행복이다. 떨어진 90%를 보지 않고 달려 있는 10%를 보는 것이 긍정이요 믿음이다. 일곱 번 넘어져도 여덟 번 일어나는 이가 긍정적인 사람이요, 넘어진 자리가 일어서야 하는 자

리이다. 행복은 긍정적인 생각에서 출발한다. 긍정적인 생각이 행
복이다.

06

칭찬과 행복

칭찬은 무엇인가가 잘되었을 때 하지만, 격려는 무엇을 잘못했거나 상황이 안 좋아졌을 때에도 해 주는 것이다. 지쳐 있을 때, 좌절할 때, 실패했을 때, 힘들어할 때 용기를 불어넣어 주는 것이 격려이다. 격려는 난관을 극복할 수 있는 힘을 만들어 준다. 실신 직전의 마음을 소생시켜 주는 산소호흡기와 같은 것이 격려이다.

칭찬은 행복의 비결이다. 마크 트웨인은 "듣기 좋은 칭찬 한마디면 그 힘으로 두 달은 먹지 않고도 살 수 있다."고 했다. 이렇듯 칭찬은 남을 기분 좋게 하고 행복하게 만든다. 칭찬은 남을 행복하게 만들 뿐만 아니라 더 나아가 나를 행복하게 만든다. 우리는 나의 행복을 위해서라도 남에게 칭찬을 많이 해야 한다.

바버드 M. 바루크는 "남을 칭찬하면 자신에게 돌아온다. 사람은 자신을 칭찬해 주는 사람을 칭찬하고 싶어 한다."라고 말했다. 칭찬은 메아리와 같아서 다른 사람을 칭찬하면 반드시 메아리가 되어 칭찬이 돌아온다.

칭찬은 모두를 행복하게 만든다. 칭찬은 금방 전염되어 한 번의 칭찬이 2번, 3번의 칭찬으로 확대되어 가기 때문이다. 서로 칭찬하는 모습을 보고 있노라면 그것을 보는 사람의 마음도 흐뭇해지고 그의 입에서도 칭찬이 나오게 된다.

로저 롤스는 미국 뉴욕 역사상 최초의 흑인 주지사이다. 초등학교 교장선생님의 칭찬 한마디가 기적을 낳은 씨앗이 되었다. 그는 뉴욕 빈민가에서 태어났는데, 폭력, 마약, 알코올중독자가 들끓는 환경에서 자랐다. 그런 환경으로 싸움질도 하고, 학교도 무단결석하고, 희망이 보이질 않는 유년기에 그의 운명을 바꿔 놓은 것은 한 선생님 때문이었다.

1961년 뉴욕 변두리에 위치한 노비타 초등학교에 새 교장선생님으로 부임한 피어 폴은 이 가련한 빈민가 아이들에게 용기와 꿈을 심어 주기 위해 열정을 쏟았다. 하지만 선생님의 말에 귀를 기울이는 학생은 한 명도 없었다.

그 흑인 아이들이 미신을 좋아한다는 사실을 파악한 피어 폴은 아이들의 손금을 봐 주기 시작하였다. 그리고 그는 아이들의 손금을 봐 줄 때마다, '너는 장차 훌륭한 사람이 될 것이다.'라는 칭찬을 아끼지 않았다. 흑인 아이들은 선생님의 칭찬에 무척 기뻐하였다.

흑인 소년 로저 롤스도 교장선생님 앞으로 다가가 손금을 보았다. 이제껏 한 번도 칭찬과 사랑을 느껴 보지 못했던 로저 롤스는 선생님의 칭찬 한마디에 가슴이 마구 두근거렸다. 선생님은 그의 손금을 한참 살피더니 심각하게,

"음, 너는 나중에 뉴욕의 주지사가 될 운명이구나."

교장선생님은 로저 롤스의 눈을 마주 보면서 틀림없다는 눈빛으로 기적을 낳는 희망의 씨앗을 심어 준 것이었다. 로저 롤스는 도저히 자신의 귀를 믿을 수가 없었다.

'내가 정말 뉴욕의 주지사가 될 수 있을까?'

이때부터 로저 롤스는 딴 사람으로 변해 가기 시작하였다. 일단 그는 예전의 나쁜 버릇들을 하나씩 고쳐 가기 시작하였다. 진정한 주지사는 바른 행동과 좋은 생각을 가져야 하며, 공부를 열심히 해야 한다는 그 신념을 한시도 잊지 않고 자신의 목표를 향해 열정을 다 쏟았다.

"음, 너는 나중에 뉴욕의 주지사가 될 운명이구나."

라는 칭찬 한마디가 기적을 낳는 씨앗이 되어서 드디어 그의 나이 51살이 되던 해, 로저 롤스는 미국 뉴욕주의 제53대 주지사로 임명되었다. 미국 역사상 최초의 흑인 주지사가 탄생한 것이다.

칭찬은 귀로 먹는 보약이다. 자녀들에게, 아내에게, 남편에게, 부모님께 칭찬의 보약을 주라. 매일 다섯 첩의 칭찬 보약을 준다면 가정이 평화롭고 행복해질 것이다.

칭찬은 희망의 씨앗이다. 기적의 씨앗이다. 칭찬하는 가정에 달

콤한 사랑이 있고, 향기 나는 행복이 있다. 칭찬하는 가정이 행복한 가정이다. 풀러는 "아무리 바보라도 칭찬해 보아라. 쓸모 있는 인간이 될 것이다."라고 했다. 그만큼 칭찬에는 사람들을 긍정적으로 변화시키는 능력이 있다.

오늘도 칭찬이 넘치게 하라. 분명 모두가 행복해질 것이다. 칭찬은 남을 행복하게 만들고, 나아가 나를 행복하게 만들고, 마침내 모든 사람을 행복하게 만든다. 칭찬은 고래도 춤추게 하듯, 칭찬하면 인생이 춤을 춘다. 칭찬 보약은 우리에게 가장 좋은 식사이다. 칭찬이 행복이다.

07

🌱

친절과 행복

불교의 거장 법장스님은 "가장 좋은 절은 친절이요. 가장 나쁜 절은 불친절이라."고 설파하였다. 세네카는 "인간이 있는 곳이라면 어디에나 친절을 베풀 기회가 존재한다."고 했다. 친절을 베풀 기회는 언제든지 있지만 친절을 베풀지 않기 때문이다.

작은 친절을 베푸는 습관을 기르자. 습관은 우리의 성격이 되고, 성격은 인격이 되고, 인격은 곧 나 자신이다. 그러므로 친절이라는 습관을 가지면 결국 나는 친절한 인격을 가진 사람이 될 수 있다. 친절은 행복해지는 비결이다.

월돌프 아스토리아 호텔 이야기를 들려주고 싶다. 어느 비바람 치던 날 밤, 필라델피아에 온 한 노부부는 하룻밤을 머물고자 허름한 여관을 찾아 들어갔다. 이 도시의 웬만한 여관이나 호텔은 사람들로 초만원이어서 자신들이 묵을 방이 없다며 도움을 호소했다.

여관 종업원은 노인에게 때마침 이 도시에서 세 개의 큰 회의가 열리는 관계로 빈방이라곤 어디에도 없을 것이라고 친절하게 설명해 드렸다.

"객실은 모두 다 찼습니다. 그러나 밤 한 시에 이렇게 비가 쏟아지는 거리로 선생님 부부를 내보낼 수는 없군요. 그러나 누추한 제 방에서라도 쉬었다 가시면 어떨까요?"

노인은 너무나 고맙게 생각하며 종업원의 방에서 하룻밤을 지냈고 다음 날 방값을 지불하면서 말했다.

"당신은 미국에서 가장 훌륭한 호텔 주인이 될 만한 사람입니다. 언젠가 내가 당신에게 그런 호텔 하나를 지어 드리겠습니다."

종업원은 농담으로 여기고 웃었다.

그로부터 2년 후인 1976년, 비바람 치던 날 밤에 만났던 노부부로부터 한번 만나자는 초청장과 함께 뉴욕행왕복 기차표가 동봉된 편지를 받아들었을 때도 그는 웃어 버리고 말았다. 그리고 밑져야 본전이라 생각하고 뉴욕을 찾아갔다. 그를 초청한 노신사는 그 젊은 종업원을 데리고 거대한 뉴욕 5번가 34거리로 가서 하늘 높이 솟아 있는 새 빌딩을 가리켰다. 그 건물은 바로 1천 9백 개의 객실을 갖춘 맘모스 호텔이었다.

"저것이 내가 자네에게 운영해 보라고 지어 주는 호텔일세."

벼락에 맞은 듯, 그 종업원은 땅에 꼿꼿이 서 버리고 말았다. 필라델피아의 3층짜리 호텔 야간 종업원이었던 그가 이제 1천 9백 개의 객실을 갖춘 뉴욕 호텔의 지배인이 된 것이다. 그에게 은혜를 베푼 사람은 바로 존 제이콥 아스터라는 월토프 아스토리아 호텔의 경영자였다.

마더 테레사는 다음과 같이 말하였다.

"당신을 거쳐 가는 사람은 누구든지 더욱 좋아지고 행복해져서 떠나게 하라. 하나님의 사랑이 생동감 있게 표현되도록 하라. 당신의 얼굴에 친절이, 당신의 눈에도 친절이, 당신의 미소 속에 친절이, 당신의 따뜻한 인사 속에도 친절이 서려 있게 하라."

최고의 지혜는 친절과 겸손이다.

프랑스의 휴양도시 니스의 한 카페에는 이런 가격표가 붙어 있다.

- Coffee! 7 Euro.
- Coffee Please! 4.25 Euro.
- Hello Coffee Please! 1.4 Euro.

우리말로 바꾸면,

- '커피!'라고 반말하는 손님은 1만 원
- '커피 주세요!'라고 주문하는 손님은 6천 원
- '안녕하세요, 커피 한 잔 주세요!'라고 예의 바르고 상냥하게 주문하는 손님은 2천 원을 지불해야 한다는 의미이다.

기발한 가격표를 만든 카페 주인은 손님들이 종업원에게 함부로 말하는 것을 보고 아이디어를 냈다고 한다. 다시 말해 그 카페에서는 말 한마디를 예쁘게 하는 것으로 똑같은 커피를 5분의 1가격으로 마실 수 있는 셈이다.

마음이 착하고 친절한 사람이 하나님을 가장 닮은 사람이며 낯선 사람에게 친절하게 대하는 것은 천사에게 친절을 베푸는 것과 같다. 친절은 돈으로 바꿀 수 없는 자본이다. 친절은 얼어붙은 마음도 녹이는 힘이 있다. 친절한 마음은 사람들을 감동시키는 확실한 방법이며 친절은 행복의 비결이다. 친절이 행복이다.

08

🌱

정직과 행복

행복한 사람은 정직한 사람이다. 내면 깊이 행복한 사람들을 만나면 한결같이 정직한 사람임을 알 수 있다. 정직하다는 것은 솔직하고 진실하며 투명하다는 것을 의미한다. 그리고 자신의 부족함을 솔직하게 인정하고 그 부족함을 개선해 나간다는 것을 의미한다. 행복이란 자신의 약점을 알고 자신을 변화시키는 데 있다.

미국 뉴욕에 최초로 백화점을 세웠던 존 워너메이커는 가난한 집에서 태어났기 때문에 학업을 중도에 멈추고 어린 시절부터 노동으로 돈을 벌어야만 했다. 아직 어린 나이에 그는 동네 가게에서 점원으로 일했다. 정직한 성품을 지닌 그는 찾아오는 손님들에게 물건의 장단점을 솔직하게 조목조목 설명해 주었다. 이것을 본 주인은 정직하기만 해서는 장사해서 성공하기어렵다고 충고했다.

그러나 어린 워너메이커는 오히려 이렇게 얘기했다.

"장사를 오랫동안 하려면 당장은 손해를 보더라도 정직해야만 합니다."

주인아저씨는 이 착하고 순진한 어린 소년 워너메이커에게 감동을 받았다.

"어린애가 어떻게 이런 신념을 갖고 있을까?"

그래서 그 어린 소년을 한번 믿어 보기로 하고 그에게 가게 운영을 맡겼다.

결국 정확한 가격과 정확한 품질로 승부수를 건 워너메이커는 이 정직 경영 방식으로 손님들한테 신임을 얻었다. 어린아이 때문에 그 가게가 나날이 번창하게 되었다. 이런 경험을 토대로 워너메이커는 나중에 백화점을 창업하고, 기업의 운영 방식을 "정직이 최고의 상술이다."라는 철학으로 이끌어 갔다. 결국 그는 백화점 왕이 되었다.

정직이 최고의 정책이다. 정직이 최고의 전략이다. 거짓과 짝퉁이 판을 치는 이때 정직하고자 하는 용기가 필요한 시대이다.

영국 속담 중에는 행복과 관련된 다음과 같은 말이 있다.

"하루를 행복하게 지내고 싶은가? 그렇다면 이발을 하면 된다.

일주일을 행복하게 지내고 싶은가? 그렇다면 결혼을 하면 된다.

한 달을 행복하게 지내고 싶다면 차를 새로 사면 되고, 일 년을 행복하게 지내고 싶다면 근사한 새집을 지어라.

그러나 만약 평생을 행복하게 살고 싶다면 그것은 정직하게 사는 방법밖에는 없다."

정직은 평생을 행복하게 사는 방법이다. 평생 행복하려면 정직하라. 오래가는 행복은 정직 속에서만 발견할 수 있다. 정직이 없는 행복은 모래 위에 세워진 누각에 불과하다. 그러므로 언젠가는 무너져 버린다. 정직이 행복이다.

09

🌱

용서와 행복

나는 결혼한 지 36년이 되었지만 아내와 아직 싸워 본 기억이 없다. 서로를 존중하고 배려하며 아끼고 사랑하고 서로에게 존대어를 쓰며 늘 행복해지려고 노력한다. 참 행복한 부부로 살고 있다.

가끔 부부 갈등 문제로 상담을 해 오는 사람들이 있다. 들어 보면 안타깝기도 하고 행복의 조건을 다 가지고 있으면서 불행의 길을 걷고 있는 모습을 보며 이렇게 조언해 준다. "부부의 행복은 누가 가져다주는 것이 아니라 스스로 만드는 것입니다. 남편이 변화되기를 바라지 말고 당신이 변하면 남편이 서서히 변화될 겁니다. 참음과 미소와 감사와 사랑과 칭찬과 용서로 행복을 만들어 보세요."

하나님은 천사에게 이 세상에서 가장 아름다운 부부를 찾아오라고 세상에 내려보냈다. 천사는 땀을 흘리면서 열심히 일을 하고 있는 부부를 보았다. 서로가 정답게 일하는 모습이 참으로 아름다웠다.

"그래, 이 부부야말로 가장 아름다운 부부로구나!"

천사는 하나님께 말씀드렸다.

"세상에서 가장 아름다운 부부는 밭에서 열심히 일하는 부부입니다."

그러자 하나님께서 말씀하셨다.

"다시 찾아보아라. 더욱 아름다운 부부가 있을 것이다."

천사는 다시 세상을 돌아다녔다. 그때 천사는 아내를 업은 남편이 강을 건너고 있는 모습을 보았다. 아내를 업은 남편은 두 눈이 먼 맹인이었고, 아내는 두 다리가 없는 장애인이었다. 남편은 아내의 두 다리가 되어 주고 아내는 남편의 두 눈이 되어 열심히 살아가는 부부였다. 천사는 감탄하였다.

'이렇게 아름다운 사랑의 부부가 또 어디 있을까?'

그래서 천사가 하나님께 말씀드렸다.

"하나님, 가장 아름다운 부부는 눈먼 남편과 두 다리가 없는 아내인 부부입니다."

하나님께서 말씀하셨다.

"그 부부도 참으로 아름답구나. 그러나 다시 가서 한 번 더 찾아보아라. 더욱 아름다운 부부가 있을 것이다."

천사는 다시 아름다운 부부를 찾아 헤매었다. 그러나 아름다운 부부는 찾을 수가 없었다. 며칠을 헤매다가 지쳐서 땅 위에 주저앉아 버렸다. 날은 어둡고 추웠다. 그때였다. 어디선가 구슬픈 울음소리가 들려왔다. 울음소리는 조그마한 오두막집에서 나와 멀리멀리 퍼져 나갔다. 천사는 이상히 생각하여 오두막집을 찾아갔다. 오두막집의 방 안에서는 늙은 부부가 서로 부둥켜안고 하염없이 울고 있었다.

"여보세요. 어째서 이렇게 슬프게 우십니까?"

그러자 남자가 울음 섞인 소리로 대답했다.

"이 여자는 제 아내입니다. 그런데 나는 아내도 버리고 가정도 버리고 온갖 나쁜 짓만 한 죄인이랍니다. 그런데도 이 못난 남편을 모두 용서해 주고 사랑해 주고 있으니 너무나 고마워서 울고 있는 겁니다."

그때 아내가 말했다.

"아닙니다. 아내인 제가 잘못하여 남편을 나쁜 길로 가게 한 것입니다. 그런데도 이렇게 나에게 용서를 빌고 있으니 얼마나 고마운 일입니까?"

천사는 감탄하였다. 그리고 하나님께 말씀드렸다.

"하나님 보십시오! 세상에서 가장 아름다운 부부가 여기 있습니다."

그때야 하나님께서 말씀하셨다.

"그렇도다. 자기 죄를 진심으로 뉘우치는 눈물과 용서와 사랑을 나누는 눈물이 바로 가장 큰 아름다움이로다. 천사여, 평화를 주고 오너라."

조그만 오두막집 안에 별들이 모이고 평화와 사랑의 노래가 가득히 울려 퍼졌다.

허물을 용서하는 것이 자기의 영광이요 행복이다. 용서하는데 무슨 오해가 있으며 싸움이 있고 이혼이 있겠는가? 부부를 한 몸이라고 하지 않았던가? 아름다운 사랑과 용서가 있을 때 행복한 부부가 될 수 있으며 용서는 행복의 지름길이다. 용서는 사랑의 최고봉이요 전인치료의 마지막 관문이다. 용서가 행복이다.

10

포옹과 행복

나는 스킨십을 좋아하여 아내와 늘 서로 손을 잡고 다니고 하루 종일 헤어졌다 만나면 어김없이 포옹과 뽀뽀를 한다. 잠을 잘 때도 팔다리를 만져 주거나 손을 잡고 잠을 자기도 한다. 스킨십은 면역력을 높이며 마음을 평안하고 안정되게 한다.

2010년 3월 호주 시드니에서 쌍둥이가 태어났다. 그러나 27주 만에 1킬로그램도 안 되는 미숙아로 태어난 한 아이가 태어난 지 20분 만에 사망 선고가 내려졌다. 의사로부터 사망 선고를 통보받은 엄마는 의사에게 부탁했다.

"한 번만 안아 보아도 될까요?"

그리고 엄마는 환자복을 벗고 자신의 가슴에 아기를 밀착시킨 채 죽은 아기에게 작별 인사를 건네기 시작했다.

"아가야, 엄마의 심장 소리가 들리니? 엄마는 너를 아주 많이 사랑한단다."

그렇게 아이의 몸을 쓰다듬으며 작별 인사를 하고 있는 동안 작은 기적이 느껴졌다. 의사는 사망 후의 일시적 반사 반응이라고 했지만 엄마는 멈출 수 없었다. 아기에게 젖을 물리고 쓰다듬으며 아기의 생명을 불렀다. 그리고 두 시간 후 아기는 작은 손을 뻗어 엄마의 손가락을 잡고 엄마의 젖을 빨기 시작하였다. 엄마의 포옹이 기적을 불러온 것이다. 호주 시드니 방송과 영국의 데일리 메일에서 대대적으로 보도하기 시작하였다.

포옹은 죽은 아이도 살리는 기적이 있다. 포옹은 꺼져 가는 생명에 산소 호흡기를 씌우는 것 같은 놀라운 효과가 있다. 포옹으로 치유와 회복의 역사가 일어난다.

우리 서로 부부에게 그리고 가족에게 포옹 운동을 전개해 보자. 친구와 연인끼리 그리고 직장 동료끼리 포옹 운동을 전개해 보자. 따뜻하고 행복한 부부 생활과 행복한 가정과 행복한 사회가 될 것이다. 포옹이 바로 행복의 비결이다.

가족치료의 선구자 버지니아 사티어는 다음과 같이 말했다.

"험악한 세상 살아남기 위해서는 하루 4번의 포옹이 필요하고, 앞으로 살아가기 위해서는 하루 8번의 포옹이 필요하고, 건강한 인격으로 성숙하기 위해서는 하루 12번의 포옹이 필요하다."

행복을 위해, 성공을 위해, 사랑을 위해, 포옹 운동이 필요하다.

서로서로 안아 주면 백 마디 말보다 한 번의 포옹이 더 효과적이다. 포옹은 편안하고 행복하게 만들어 준다. 포옹이 행복이다.

11

건강과 행복

사람들은 나이가 들면서 몸을 보하기 위해 보약이나 건강 보조식품을 즐겨 먹는다. 약으로 몸을 돌보는 보약인 약보가 있고, 음식으로 돕는 보약인 식보가 있고, 운동을 통해 몸을 돕는 보약인 행보가 있다. 그중 으뜸은 운동이라는 옛 가르침이 있다. 그래서 두 다리가 주치의라는 말이 있는 것이다.

병을 치료하는 의사에는 네 종류가 있다.

첫째로 훌륭한 의사는 약의(藥醫)이다. 약의는 약으로 질병을 치료한다. 둘째로 훌륭한 의사는 식의(食醫)이다. 식의는 음식으로 질병을 다스린다. 셋째로 훌륭한 의사는 심의(心醫)이다. 심의는 마음을 다스려 질병을 치료한다. 넷째로 가장 위대한 의사는 영의(靈醫)이다. 영의는 예수 그리스도의 생명과 복음으로 영혼의 질병을 치료하고 구원한다.

명예, 지위, 돈 어느 것 하나 빠지지 않고 대단한 성공을 거둔 사람이 대학생들을 대상으로 강의를 하고 있었다. 대학생과 기자들은 그의 강의를 듣기 위해 몰려들었다. 그는 평소에 강의나 인터뷰를 하지 않는 것으로 유명했기 때문에 그 기회를 놓칠 수가 없었던 것이다. 사람들은 그의 강의를 듣기 위해 귀를 쫑긋 세우고 있었다.

그는 등장하자마자 칠판에 무언가를 적었다.

"1,000억!"

그리고 말을 시작했다.

"저의 재산이 아마 천억은 훨씬 넘을 것입니다. 여러분, 이런 제가 부럽습니까?"

"네!"

이 대답을 들은 그는 빙그레 웃으며 강의를 시작했다.

"지금부터 이런 성공을 거두려면 어떻게 해야 하는지에 대한 강의를 시작하겠습니다. 1,000억 중에 첫 번째 '0'은 바로 명예입니다. 그리고 두 번째 '0'은 지위입니다. 세 번째 '0'은 돈입니다. 이것들은 인생에서 필요한 것들입니다."

사람들은 고개를 끄덕였다.

"그럼 앞에 있는 '1'에 대해서 설명하겠습니다.

'1'은 건강(健康)과 가족(家族)입니다. 여러분! 만일 '1'을 지우면 1,000억이 어떻게 되나요? 바로 '0'이 되어 버립니다. 그렇습니다.

인생에서 명예, 지위, 돈도 중요하지만 아무리 그것을 많이 가지고 있다 하더라도 건강과 가족이 없다면 바로 실패한 인생이 되어 버리는 것입니다.”

사람들은 그제야 진정한 성공의 의미를 알겠다는 듯 고개를 끄덕였다. 명예도 돈도 지위도 건강이 있을 때는 빛을 발하지만 건강을 잃으면 아무런 소용이 없다. 그래서 첫째도 건강, 둘째도 건강, 셋째도 건강이다.

나는 건강을 한번 잃었다가 다시 회복한 사람으로서 건강이 제일이라는 것을 누구보다도 더 잘 알고 있다. 건강하면 무엇이든지 할 수 있다. 사람에게 가장 중요한 것은 물질도 명예도, 권력도 아니라 바로 건강이다.

고대 그리스의 의사들의 아버지 히포크라테스는 “돈을 잃으면 적게 잃은 것이요, 명예를 잃으면 많이 잃은 것이요, 건강을 잃으면 전부 잃어버린 것이다.”라고 말했다. 건강 없는 행복은 있을 수 없으며 건강은 행복의 필수 재료이다. 건강이 바로 행복이다.

12

🌱

친구와 행복

　진실한 친구는 천 명의 적이 우리를 불행하게 만드는 그 힘 이상
으로 우리를 행복하게 만든다. 친구는 나의 기쁨을 배로 하고 슬픔
을 반으로 한다. 좋은 친구를 갖는다는 것은 큰 자본을 얻는 것과
같다. 좋은 친구가 생기기를 기다리는 것보다 스스로 누군가의 친
구가 되었을 때 행복하다.

　친구에는 네 분류가 있는데, 꽃과 같은 친구, 저울과 같은 친구,
산과 같은 친구, 땅과 같은 친구로 나눌 수 있다.
　첫째, 꽃과 같은 친구이다. 꽃이 피어서 예쁠 때는 그 아름다움에
찬사를 아끼지 않는다. 그러나 꽃이 지고 나면 돌아보는 이 하나 없
듯, 자기 좋을 때만 찾아오는 친구는 바로 꽃과 같은 친구이다.

둘째, 저울과 같은 친구이다. 저울은 무게에 따라 이쪽으로 또는 저쪽으로 기운다. 그와 같이 나에게 이익이 있는가 없는가를 따져 이익이 큰 쪽으로만 움직이는 친구가 바로 저울과 같은 친구이다.

셋째, 산과 같은 친구이다. 산이란 온갖 새와 짐승의 안식처이며 멀리 보거나 가까이 가거나 늘 그 자리에서 반겨 준다. 그처럼 생각만 해도 편안하고 마음 든든한 친구가 바로 산과 같은 친구이다.

넷째, 땅과 같은 친구이다. 땅은 뭇 생명의 싹을 틔워 주고 곡식을 길러 내며 누구에게도 조건 없이 기쁜 마음으로 은혜를 베풀어 준다. 한결같은 마음으로 지지해 주는 친구가 바로 땅과 같은 친구이다.

영국에 있는 한 출판사에서 상금을 내걸고 친구라는 말의 정의를 독자들에게 공모한 적이 있었다. 수천이나 되는 응모엽서 중 다음 것들이 선발되었다.

"기쁨은 곱해 주고 고통은 나눠 갖는 사람"

"우리의 침묵을 이해하는 사람"

"많은 동정이 쌓여서 옷을 입고 있는 것"

"언제나 정확한 시간을 가리키고 절대로 멈추지 않은 시계"

하지만 1등은 다음의 글이었다.

"친구란 온 세상이 다 내 곁을 떠났을 때 나를 찾아오는 사람이다."

행복을 얻는 방법 중에서 으뜸은 벗이나 사랑하는 사람들과 함께 있는 것이다. 아무 말도 하지 않고 아무 행동도 하지 않고, 그저 함께 앉아 있는 것으로 충분하니까. 같이 있으면 기분 좋은 사람들에게 둘러싸여 있다는 것 자체가 나에게는 더할 수 없는 기쁨이다.

진정한 친구는 어려울 때 돕는 친구이다. "친구 따라 강남 간다."는 말이 있듯 좋은 친구와의 만남은 행복이요 축복이며, 좋은 벗은 인생의 양약이다.

HAPPINESS..

PART 07

행복의 열매

서로에게 시간의 재산을 베풀고, 물질의 재산을 베풀고, 진정한 마음의 재산을 베풀어 참된 마음의 행복을 느껴 보자. 섬김은 주님의 사랑을 실천하는 것이다. 주님은 낮은 자리에서 만날 수 있다. 낮은 곳에서 섬기는 것이 곧 행복이다. 섬기는 사람이 행복한 사람이다.

01

南을 위한 삶

남을 이롭게 하는 것은 곧 자신을 위한 길이다. 공자는 "군자는 잘못을 나에게서 찾고, 소인은 잘못을 남에게서 찾는다."라고 했다.

슈바이처가 운영하는 아프리카의 랑바레네 병원에서 궂은일을 도맡아 하는 미모의 간호사가 있었다. 그의 이름은 마리안 프레밍거. 헝가리 귀족의 딸로 태어난 그녀는 한때 재색을 겸비한 최고의 미인으로 추앙받았다.

모든 악기의 연주에 능했으며 비엔나에서 가장 유명한 연극배우로 명성을 떨쳤다. 그녀는 두 번 결혼했다. 첫 남편은 의사였고, 두 번째 남편은 할리우드의 영화감독 오토 프레밍거였다. 그녀는 어느 날, 슈바이처의 찬송가 연주를 듣고 결심했다.

"지금까지 내 인생은 허상일 뿐이었다. 남을 위한 삶에 진정한 가치가 있다."

마리안 프레밍거는 그 자리에서 아프리카행을 결심했다. 그리고 20년 동안 슈바이처가 운영하는 병원에서 흑인 병자들을 위해 사랑을 베풀다가 눈을 감았다. 프레밍거가 남긴 마지막 말은 "남을 위한 삶이 이렇게 행복한 것을⋯."이었다.

행복의 최고봉은 남을 위해 봉사하는 것이다. 나는 재능기부 봉사를 하면서 남들이 느끼지 못하고 알지 못하는 행복을 느끼고 경험하고 있다. 남을 위한 삶이 이렇게 행복한 것임을 잘 알고 있다. 나는 이렇게 말하고 싶다.

"내가 아닌 타인의 행복을 위해 산다는 것은 어려운 일입니다. 나 먹고살기도 힘든 세상에⋯. 그러나 내가 타인의 행복을 위해 산다는 것은 행복한 일입니다."

02

기쁨의 원천

칼 메닝거 박사는 세계적으로 널리 알려진 정신과 의사이다. 한번은 정신건강에 대한 대중강연에서 청중 가운데 한 사람이 그에게 질문을 던졌다.

"만일 어떤 사람이 신경쇠약에 걸릴 것 같은 상황에 처해 있으면 선생님은 그에게 어떻게 하라고 권하시겠습니까?"

모두들 메닝거 박사가 "정신과 의사를 찾아보십시오." 하고 대답할 것이라 생각했다. 그런데 의외의 대답이 나왔다.

"밖으로 나가 도움을 필요로 하는 사람을 찾으십시오. 그리고 그 사람을 도와주세요."

오스트리아의 정신의학자 아들러에게 어느 날 우울증 환자가 찾아왔다. 아들러는 환자를 면밀히 검진해 보았으나 질환을 유발시킨

원인은 찾지 못했다. 아들러는 우울증 환자가 먹을 수 있는 약을 주면서 이렇게 말했다.

"이 약을 먹으면서 꼭 한 가지 해야 할 일이 있습니다. 지금부터 2주간 매일 남을 어떻게 하면 기쁘게 해 줄까를 생각하고 헌신하십시오. 그러면 우울증에서 해방될 수 있습니다."

환자는 의사의 지시대로 남에게 도움을 줄 일을 찾아 열심히 일했다. 그러자 기쁨이 생겨 2주 만에 우울증을 치료받을 수 있었다.

기쁨과 행복은 그 사람이 참된 일을 하고 있는 곳에 있다. 사람만이 웃을 수 있는 특권이 있다. 사랑과 희락과 화평은 행복의 원천이 된다. 기뻐하고 기뻐하라. 항상 기뻐하기를 힘쓰라. 기뻐하는 것이 우리의 행복이다.

03

거지 왕

성경에 보면 "하나님의 나라는 여기 있다 저기 있다고도 못하리니 너희 안에 있느니라."(눅 17:20)고 했다. 행복이 마음에 있듯이 하나님의 나라 역시 우리 안에 있다. 예수 그리스도가 천국이요 하나님의 나라이다. 그분을 모신 마음이 천국이고 행복이다.

어느 날 독일의 신비주의자 요한 타울러가 한 거지를 만났다.
"하나님께서 당신에게 좋은 날을 주셨군요. 친구여."
그가 말하자 거지는 대답했다.
"나쁜 날이 하나도 없다는 걸 전 하나님께 감사드립니다."
그래서 타울러는 말했다.
"하나님께서 당신에게 행복한 삶을 주셨군요."

"나는 하나님께 감사드립니다. 나는 결코 불행하지가 않아요."

타울러는 놀라서 말했다.

"무슨 말씀입니까?"

"네, 나는 날씨가 좋아도 하나님께 감사드리고, 비가 와도 하나님께 감사드립니다. 하나님의 뜻은 내 뜻이고, 하나님이 기뻐하시는 일은 나도 기뻐하는데, 왜 불행하지 않은 때에 불행해야 합니까?"

타울러는 놀란 눈으로 그를 쳐다보고 있다가 물었다.

"당신은 누구입니까?"

"나는 왕이요."

"그럼 당신의 나라는 어디에 있습니까?"

라고 타울러가 다시 묻자, 그 거지는 조용히 대답했다.

"내 마음에 있소. 나는 늘 행복합니다. 그 비결은 늘 바다를 항해하면서도 마음은 항구를 떠나지 않는 것입니다."

세상에는 여러 종류의 비타민이 있다. 웃음이라는 비타민, 칭찬이라는 비타민, 격려, 배려, 인내, 용서, 사랑 등의 비타민…. 당신은 그것을 얼마나 먹으면서 살고 있는가? 세상에서 가장 좋은 비타민은 행복이라는 종합 비타민이다. "행복하다. 행복하다. 행복하다."라고 고백해 보라. 행복 비타민이 되어 많이많이 행복해질 것이다.

예수 그리스도를 모신 마음이 심령천국이듯 천국이신 예수 그리스도 안에 진정한 행복이 있다.

04

교수직을 포기한 사람

나는 대학에서 학생들을 가르치고 있다. 젊은 학생들을 가르치는 일은 신나는 일이다. 교수로서 학생들의 존경을 한 몸에 받으면 참 보람 있고 행복하다.

그러나 그것보다 더 보람 있는 일은 교도소에 수감되어 있는 수형자들을 위한 인성교육이다. 소외된 그분들에게 꿈과 희망과 복음을 전하는 일이야말로 내가 해야 할 일이요 주님이 기뻐하는 일이다. 교수직도 명예롭지만 법무부, 국방부, 교도소 교정위원으로 교육하는 일도 참으로 보람 있다.

천재로 불리던 한 소년이 있었다. 그의 인생은 항상 오르막길이었다. 그는 주위의 기대대로 하버드대학교의 교수가 되었다. 그가 집

필한 30여 권의 책은 모두 베스트셀러가 됐고, 그를 만나기 위해 수 많은 사람이 모여들었다. 그의 인생은 오직 성공과 성취로 장식되었다.

그런데 어느 날 이 사람이 폭탄선언을 했다.

"나는 교수직을 포기합니다. 이제 정박아시설에 들어가 새로운 인생을 살아갈 것입니다."

사람들이 그에게 "그 많은 명예와 보수를 왜 버리려 하는가? 차라리 후학을 양성하라."라고 했지만 그는 "오르막길 인생은 성공과 칭찬에 가려 예수가 보이지 않았습니다. 이제 낮은 곳에서 예수를 만날 것입니다."라고 했다.

그는 인생의 말년을 매사추세츠 정박아시설에서 장애인들의 용변, 식사, 목욕 등 구질구질한 일을 돌보는 데 보내고 소천하였다. 이 사람이 바로 『상처 입은 치유자』의 저자 헨리 나우웬(H. J. M Nouwen)이다.

오늘날 많은 사람은 명예와 권세와 부에 눈이 멀어 어렵고 소외되고 고통 속에 사는 사람들이 보이지 않는다. 어려움과 아픔을 겪어 본 사람만이 어렵고 아픈 사람의 심정을 이해한다.

행복이란 나눌 때에만 찾아온다. 베풀지 않는 재산은 그것이 물질적인 것이든 무형의 것이든 병든 가지의 장미처럼 말라 죽어 버린다. 성경에서는 "받는 것보다 주는 것이 더 복이 있다."라고 했다. 받는 기쁨도 있지만 주는 기쁨과 행복은 얼마나 큰지 베풀어 본 사람만이 알 수 있다.

사람은 살면서 인생의 황혼에 접어들게 되면 세 가지를 후회한다. 좀 더 베풀걸, 좀 더 참을걸, 좀 더 재미있게 살걸…. 서로에게 시간의 재산을 베풀고, 물질의 재산을 베풀고, 진정한 마음의 재산을 베풀어 참된 마음의 행복을 느껴 보자. 섬김은 주님의 사랑을 실천하는 것이다.

주님은 낮은 자리에서 만날 수 있다. 주님은 낮은 곳에 계시기 때문이며 소외된 곳에 계시기 때문이다. 낮은 곳에서 섬기는 것이 곧 행복이다. 섬기는 사람이 행복한 사람이다.

05

🌱

사랑의 표현인 나눔

사람들은 나를 보고 웃음천사라고 하지만 사실은 내가 아닌 사랑하는 아내가 천사이다. 아내는 요양병원 간호사로 어르신들을 돌보는 일을 하고 있다. 그것도 임종을 얼마 앞둔 중환자실에서 오래 근무를 하였다. 그분들을 돌보며 위로하고 복음을 전하고 마지막 순간을 예수 영접하게 하고 편안하게 천국으로 보내 드리는 일을 하고 있다.

참으로 힘든 일이지만 언제나 기쁨으로 보람을 느끼며 사명을 감당하고 있으니 정말 아름다운 백의의 천사인 것이다. 하나님은 나에게 이런 천사 같은 아내를 만나게 해 주셨다. 얼마나 감사한지, 아내의 헌신적인 내조가 있기에 오늘 내가 여기에 우뚝 서 있는 것이다.

행복의 열매

죽음의 문턱에서 신의 마지막 은총을 갈구하는 사람들이 캘커타의 한 수도원을 찾아오곤 한다. 그런 그들이 수도원 근처에서 한 위로하는 자를 발견하게 되는데 주름진 얼굴에 허리가 굽은 작은 여인, 죽어 가는 이들에게 기꺼이 친구가 되어 주는 여인이 바로 그 사람이다.

그녀는 버림받은 사람들과 병든 사람들의 상처를 씻겨 주고 그들의 아픔을 달래 주며 그들에게 죽음을 준비하도록 도와주면서 극진히 보살폈다.

"그들은 분명 필요한 사람이 되고 싶고 사랑받고 싶을 겁니다. 제게는 그들이 예수 그리스도입니다."

지병인 심장병으로 87세를 일기로 세상을 떠났지만 "서로 사랑하라."란 말을 마지막 유언으로 남긴 마더 테레사 수녀의 사랑은 그가 남긴 24개국 5,604개의 자선센터를 통해 계속되고 있다.

나눔은 사랑의 한 표현이다. 성경은 "자녀들아 우리가 말과 혀로만 사랑하지 말고 오직 행함과 진실함으로 하자."(요일3:17~18)고 말씀한다. 말로는 누구나 사랑한다고 말할 수 있다. 그러나 진정한 사랑에는 희생적인 실천이 따른다. 그리고 하나님께서는 사랑을 구체적으로, 실제적으로 실천하는 사람의 선행을 기뻐하신다.

당신은 오늘 어떤 사람들을 사랑으로 섬겼는가? 마더 테레사는 "얼마나 많이 주었느냐가 아니고 주는 행위 속에 얼마나 많은 사랑이 담겨 있는지가 중요하다."라고 했다. 나눔과 섬김이 곧 사랑의 실천이요 행복의 비결이다.

06

🌱

섬기는 마음

    스승과 제자가 먼 길을 떠났다. 넓은 세상에 나갈 생각으로 들뜬 제자에게 스승이 물었다.

    "여행의 질서를 위해 우리 중 한 사람은 앞에서 이끌고, 한 사람은 뒤에서 따라야 한다. 어느 쪽을 택하겠느냐?"

    제자는 자신이 스승을 따르는 것이 당연하다고 말했다.

    그날 밤, 스승과 제자가 큰 나무 아래서 잠을 청하려는데 갑자기 비가 쏟아졌다. 스승은 자신의 겉옷을 벗어 제자에게 덮어 주었다. 제자가 송구한 마음에 극구 사양하자 스승이 말했다.

    "앞선 사람으로서 따르는 이를 보호하는 것은 마땅한 일이다."

    다음 날, 제자는 스승의 가르침을 본받고자 오늘은 자신이 앞장서 겠노라고 했다. 그러고는 아침 식사를 위해 물을 구하러 나서자, 스승이 "그것은 내가 할 일이다."라며 그를 막았다.

제자는 어리둥절했다.

"스승님, 제가 길을 이끄는 사람으로서 스승님을 보살펴 드려야 하지 않겠습니까?"

"아니지, 따르는 자인 내가 자네를 섬겨야지. 어찌 따르는 자가 이끄는 자의 봉사를 받을 수 있겠나."

어떤 입장에서든 섬기는 자세로 임하는 스승에게 감명을 받은 제자는 스승을 더욱 존경하게 되었다.

한때 성공회의 감독이 되기를 꿈꾸었던 사무엘 로건 브랭글(Samuel Logan Brengle)이라는 청년이 구세군에 지원하기 위해 대서양을 건너 영국으로 건너왔다. 그러나 부스 장군은 그의 지원을 마지못해 허락하면서 그에게 겸손한 마음을 키워 주기 위해 다른 훈련생들의 군화를 닦으라고 지시했다. 낙심한 브랭글은 속으로 '내가 군화나 닦으려고 내 꿈을 좇아 대서양을 건너왔단 말인가?'라고 생각했다.

그러던 중 그는 어느 날 환상 중에 예수님께서 무식한 어부들의 발 위로 허리를 굽혀 발을 씻기시는 모습을 보았다. 그때 그는 조용히 이렇게 말했다.

"주님은 그들의 발을 씻기셨습니다. 저는 그들의 구두를 닦겠습니다."

테레사 수녀가 어느 날, 한 어린이의 상처를 지극한 정성으로 치료해 주고 있을 때 인근에 살던 이웃 주민이 물었다.

"수녀님, 당신은 당신보다 더 잘살거나 높은 지위를 가진 사람들이 편안하게 사는 것을 보면 부러운 마음이 안 드시나요? 당신은 평생 이렇게 사는 것에 만족하십니까?"

테레사 수녀는 대답했다.

"허리 굽히고 섬기는 사람에게는 위를 쳐다볼 시간이 없답니다."

콜롬비아 신학교 스티븐 올 포드 박사에게 학생들이 물었다.

"저희들에게 크리스천 리더십의 비결이 무엇인지 좀 말씀해 주십시오."

올 포드 박사는 이렇게 대답했다.

"비결이요? 무릎을 꿇으십시오. 눈에 눈물이 흐르게 하십시오. 그리고 심장이 깨어져도 참으십시오."

섬기러 오신 왕이신 주님께서 섬김의 본이 무엇인지 보여 주셨지만, 섬겨야 할 우리는 섬김을 받음으로 섬김이 무엇인지를 잊어버리며 살고 있다. 섬김이 행복인 것을….

07

솔선수범

'솔선수범'이라는 말이 있다. 솔선수범은 '통솔'이라는 말과 '모범, 본보기'라는 말의 합성어이다. 라틴 명언으로 짧지만 강력한 메시지를 준다. 미 해병대 후보자학교의 모토이기도 하다. 누군가 할 일이면 내가 하고, 언젠가 할 일이면 지금 하고, 어차피 할 일이면 최선을 다해서 하자.

필리핀의 유명한 부자 사업가의 아들 카퐁카우라는 청년이 신학교에 들어갔다. 학교에 가 보니 화장실과 욕실이 더럽고 냄새가 나는 등 너무 불결해서 불만을 품고 학장에게 갔다.

"교수님, 이렇게 더러운 곳에서 어떻게 공부를 할 수 있겠습니까? 이것 좀 치워 주십시오. 깨끗하게 해 주세요."

"알았네. 내가 다 알아서 조치할 테니 가 있게."

조금 뒤에 이 학생이 그 화장실에 가 보았다. 요란한 소리가 들렸다. 씻는 소리, 닦는 소리가 들렸다. 청소부를 데려다가 청소하는 줄 알고 들어가 보니 학장님이 직접 청소하고 있었다. 학장님이 기쁘게 청소를 하다가 이 학생을 보았다.

"조금 있다가 들어오게. 이제 깨끗해질 테니 염려하지 말게."

"학장님, 청소부 데려다가 시키면 될 텐데 왜 직접 화장실 청소를 하십니까?"

"천국은 그런 곳이 아니라네. 교회나 신학교는 일을 보는 사람이 먼저 하는 걸세. 돈으로 해결하는 것이 아니란 말이네. 힘으로 하는 것도 아니네. 불결하다고 생각하는 사람, 잘못됐다고 보는 사람, 쓰레기를 보는 사람 하나하나가 청소할 때 우리 삶의 주변은 깨끗해질 수 있는 걸세. 자네가 부잣집 아들로 여기 와서 보니까 좀 불결하게 보이지. 다른 사람은 별로 그렇게 느끼지 못한다네. 그러니 느끼는 사람이 일을 하면 이 학교는 깨끗해질 수 있는 거라네."

아프리카의 성자로 불리는 슈바이처 박사에게 한 제자가 성공적인 자녀 교육 방법에 대해 세 가지만 가르쳐 달라고 했다. 슈바이처 박사는 "첫째는 본보기요, 둘째도 역시 본보기요, 셋째도 본보기다."라고 했다. 사람에게 가르침을 주려거든 백 마디 말보다 본인이 먼저 솔선수범하는 것이 최고의 교육이다.

이 나라 사람 모두가 180도로 바뀔 수는 없다. 한 사람 한 사람 보는 사람이 그것을 고치고 바꾸고 줍고 쓸 때, 나 하나가 회개하고 나 한 사람이 겸손하게 이웃과 조화를 이룰 때 우리의 삶, 우리의 주변, 이 나라 모두가 조화롭게 되는 밝고 행복한 날이 올 것이다.

08

🌱

진정한 리더십

리더십도 시대정신에 따라 변해 왔는데 권위주의 시대에는 강압적 리더십이, 민주주의 시대에는 민주적 리더십이, 섬기는 시대에는 섬김의 리더십으로 회자되었다. 그렇다면 진정한 리더십이란 무엇인가?

세계 2차 대전 때 미국의 많은 젊은이들이 전쟁터의 이슬로 사라졌다. 병력이 부족하고 또 졸지에 일어난 전쟁이기 때문에 각 지방의 젊은 청년들은 영장을 받은 후 큰 도시로 집결해서 기차를 타고 훈련소로 갔다.

당시 국민들의 마음을 안정시키기 위하여 장정들을 태운 기차는 주로 밤늦게 떠났다. 그러므로 워싱턴에도 밤마다 유니온 기차 정거장에는 수백 명의 장정들이 몰려들었고, 시민들이 나와서 그들의 편의를 도와주고 있었다.

그때 시민 가운데 밤마다, 밤늦게까지 다리를 절면서 뜨거운 코코아잔을 쟁반에 들고 젊은 장정들에게 봉사를 한 사람이 있었다. 어떤 때는 임시로 마련된 주방에서 코코아를 끓이기도 했다. 어느 장정 하나가 그 노인을 자세히 살펴보니 보통 사람이 아니었다. 그는 분명히 대통령이었다.

"각하, 루즈벨트 대통령이 아니십니까?"

루즈벨트 대통령은 육체적으로 자유스러운 사람이 아니었다. 다리를 저는 불구자이다. 육체의 불편을 무릅쓰고 밤마다 기차 정거장에 나와 기차로 떠나는 청년들에게 뜨거운 코코아를 들고 다니며 봉사했던 것이다. 대통령이 친히 기차 정거장에 나와서 따라 주는 코코아를 마신 청년들의 사기는 대단했다. 이처럼 섬기는 일에는 위아래가 없는 법이다.

진정한 리더십은 예수님 말씀처럼 "누구든지 으뜸이 되고자 하는 사람은 모든 사람의 종이 되라."는 것이다. 종이 되어 섬기는 길은 으뜸이 되는 지름길이며 진정한 리더가 되고 행복해지는 비결이다.

09

섬기는 자

유언은 죽음에 임박하여 사람이 남기는 말인데, 중요한 내용을 유언으로 남긴다.

마틴 루터 킹 목사님의 유언을 소개한다. 그는 침례교 목사이자 미국 내 흑인 인권운동을 주도했고, 비폭력을 주장했다. 1964년 노벨 평화상을 받았다. 1963년 "나에게는 꿈이 있습니다."라는 연설에서 인종차별의 철폐와 인종 간의 공존을 호소했다. 1969년 극우파 백인 제임스 얼 레이의 총에 맞아 사망했다.

"내가 이 세상을 하직한다면 나는 당신들에게 다음과 같은 유언을 남기고 싶습니다. 내가 이 세상을 떠난다면, 거창한 장례식을 삼가 주시오. 그리고 긴 찬사도 삼가 주시오. 또 내가 노벨상 수상자라는 것도 말하지 말아 주시오. 나의 학벌도 그것들은 그렇게 중요하지 않습니다. 내가 바라는 것은 마틴 루터 킹은 다른 사람들을 위해 살다가 갔다고 말하여 주는 것입니다. 나는 가난한 사람들에게 빵을 주기 위해 헐벗은 사람들에 옷을 주기 위해 살다가 갔다고 말해 주시오. 내 생애에서 감옥에 갇힌 사람들을 찾다가 갔다고 뭇사람을 섬기고 사랑하다가 갔다고 말해 주기를 나는 바랄 뿐입니다."

강철 왕 카네기의 묘비에는 "여기에 자기보다 더 낮은 사람을 잘 섬길 줄 아는 사람이 잠들어 있다."라고 쓰여 있다.

인생은 경주가 아니다. 누가 1등으로 들어오느냐가 아니다. 얼마나 의미 있고 행복한 시간을 보냈느냐 그것이 바로 성공을 가르는 척도이다. 자기보다 낮은 사람을 섬기는 자가 진정 행복한 사람이다.

10

🌱

성공이 아니라 섬김이다

언제부터였을까? 우리나라는 성공지상주의가 지배하는 나라가 되었고, 물신이 그 어떤 신보다 우위에 서 있는 배금주의의 나라가 되었으며, 돈이면 무엇이든 다 된다는 황금만능주의에 빠져 있다. 이러한 한국인들에게 경종을 울리는 한 분을 소개하고자 한다.

1934년 7월 7일 전남 광주시에서 최초 시민사회장으로 거행된 장례식. 수백 명의 나환자들과 걸인들이 '어머니, 어머니'를 외치며 울부짖는 소리는 조객으로 식장을 가득 메운 수많은 기독교인들은 물론 예수를 믿지 않는 자들과 지방인사들, 전남지사 야지마를 비롯한 많은 일본인들까지 눈물바다를 이루게 하였다.

"서서평 부인은 다시 살아난 예수님이었습니다. 그녀는 자신의 온 생을 바쳐 예수님이 원하시고 기뻐하시는 뜻이 무엇인지 우리에게 보여 주었습니다."

엘리제 쉐핑(Elisabeth J. Shepping, 1880~1934). 그녀는 '서서평(徐徐平)'이라는 한국 이름을 더 좋아했고 보리밥과 된장국을 먹으며 한복에 남자 검정 고무신을 신고 살았던, 그렇게 삶 전체로 조선을 사랑했던 사람이었다.

1912년 간호 선교사로 광주에 온 서서평은 의료선교사역뿐만 아니라 가난하고 소외된 자들을 위한 교육과 사회사업에 평생 헌신하였다. 1922년 여성들의 문맹 퇴치와 계몽을 위해 최초의 여자 신학교인 이일학교(한일장신대 전신)를 세워 이혼당한 여자와 과부 그리고 나이가 들어 학력이 초과한 부녀자들을 모아 교육하였다.

또한 복음 전파를 위해 교회를 세우고, 최초로 부인조력회를 조직하여 신앙 수련과 협동 사업, 교회 봉사 활동에 앞장서게 하였다. 1926년에는 조선간호부회(대한간호협회 전신)를 설립하여 간호협회 발전에 힘을 썼고 금주동맹을 만들어 금주, 금연 운동을 전개했으며 인신매매 반대, 축첩 금지, 공창제도 폐지를 외치며 윤락여성 선도 사업을 주도했다.

그러나 그 무엇보다도 서서평은 수많은 환자들 특히 전라도 일대의 나환자들과 걸인들, 고아들을 위해 헌신하였다. 그녀는 평생 처녀로 살았지만 고아로 버려진 나환자 아들 하나와 13명의 딸을 입양하여 친자식처럼 돌보았으며 오고갈 데 없는 38명의 과부들도 자신의 집으로 데려와 보살펴 주었다.

　"내일 나 먹기 위해 오늘 굶는 사람을 그대로 본척만척할 수 없으며, 옷장에 옷을 넣어 두고 당장 추위에 오들오들 떠는 사람을 모른 척할 순 없습니다."

　다른 선교사들 생활비의 30분의 1만으로 생활하며 자신은 영양실조와 풍토병, 과로로 죽어 가면서도 가난하고 병든 자들, 버림받고 고통받는 자들을 먼저 먹이고 입혔던 서서평. 마지막 남은 자기의 시신마저 의학 연구를 위해 해부하도록 기증한 그녀가 다 쓰러져 가는 집에 남기고 간 것은 찢어진 담요 한 장과 밀가루 두 홉, 동전 일곱 개가 전부였다.

　"천국에서 만납시다."라는 말을 남기고 떠난 그녀의 침대 머리맡에 붙여 있던 종이 한 장.

　"성공이 아니라 섬김이다(NOT SUCCESS, BUT SERVICE)."

　서서평 여사의 좌우명이다.

　우리 서로 낮은 자를 섬기며 살자. 그러면 행복한 사람, 행복한 가정, 행복한 사회, 행복한 대한민국이 될 것이다.

PART 08

행복의 만찬

성숙하지 못한 사랑은 "내가 당신을 필요로 해서 당신을 사랑합
니다."라고 말하지만 성숙한 사랑은 "내가 당신을 사랑해서 당신
을 필요로 합니다."라고 말한다. 가족끼리 무조건 서로 격려하
고 칭찬하고 사랑하라. 칭찬과 격려의 말은 기적을 만들어 낸다.

01

출생의 비밀

나는 4남 2녀의 사랑받는 막내딸로 태어났다. 맨 위에 큰딸인 언니가 있었고 밑으로 오빠 네 명. 엄마는 계속 아들만 낳다 보니 힘들어서 그만 낳으려고 아무도 몰래 쓴 한약도 드시고, 나를 떼어 버리려고 하셨단다.

그런데 낳고 보니 반곱슬머리에 까무잡잡한 귀여운 딸이 태어나서 떼어 버리려고 했던 것이 너무 미안하고 죄스러워서 회개기도를 하셨다고 한다. 그렇게 태어난 나는 네 명의 든든한 오빠들과 강단 있는 언니의 사랑을 듬뿍 받으면서 행복한 어린 시절을 보냈다.

내가 기억하는 우리 집은 머슴 아저씨도 두 명 있었고, 영애라는 이름을 가진 식모 언니도 함께 살고 있는 부유한 집안이었다. 내가 어릴 적 아버지께서 미곡 도매업을 하셔서 트럭도 몇 대나 있고, 트럭 운전기사 아저씨들도 계셨다. 그 덕분에 나는 어릴 때 이름 대신 '부잣집 막내딸'이라고 불리었다.

단 한 번도 고부간의 갈등 같은 것을 보지 못하면서 자라 왔는데, 엄마는 항상 할머니, 할아버지를 공경하여 효부 상을 탈 정도로 착한 며느리였기 때문이다. 밥을 구걸하러 온 거지 아저씨에게도 새로 지은 밥과 함께 따뜻한 국, 반찬으로 밥상을 차려 주시던 따뜻한 분이었다.

맛있는 것이 생기면 항상 제일 좋은 것을 할머니, 할아버지, 아버지, 목사님 몫으로 먼저 분리해 놓고 그다음 몫을 우리에게 주셨다. 이런 것들을 보고 자라서일까? 나 역시 웃어른을 공경하고, 작은 것 하나라도 누군가에게 나눠 주고 싶어 한다.

이러한 엄마의 모습이 우리 가정의 화목과 행복을 결정짓는 데 중요한 역할을 하였다고 생각한다. 부모는 자식의 거울이란 말이 있듯이 알게 모르게 엄마를 닮아 가는 나의 모습을 보며 나 또한 내 아들이 행복한 가정 안에서 행복한 사람으로 자랄 수 있도록 긍정적인 영향력을 끼치는 사람이 되어야겠다고 항상 다짐한다.

02

아름다운 추억

나와 나이 차이가 많이 안 나는 막내오빠는 어릴 때부터 장난기가 많았다. 깜깜한 밤에 심부름을 가다가도 아랫집 잿간에 수탉귀신이 나온다고 소리치며 내 손을 놓고 혼자 작은집으로 뛰어가 버려서 나를 울리는 장난꾸러기였다. 그런 장난기 많은 오빠 친구인 지금의 남편을 만나게 되었다.

남편과 막내오빠는 중학교부터 제일 친한 친구이며 라이벌이기도 했다. 중학교 때부터 둘이 학교 앞에서 자취도 하고, 서로에게 여동생이 있었는데 서로 네 동생은 나 주고, 내 동생은 네가 데리고 가고…. 나중에야 안 사실이지만, 이렇게 나도 모르는 사이에 막내오빠와 남편은 자기들만의 은밀한 뒷거래를 했었단다.

남편이 기억하는 나는 집 높은 곳의 장독대에서 오빠 친구들을 몰래 보느라 고개를 내밀었다 숨었다 하는 모습이 귀여운 까무잡잡한 어린아이였다고 한다.

그러다가 내가 21살에 긴 생머리를 하나로 올려 머리를 묶은 모습을 남편이 보게 되었다. 까무잡잡했던 어린아이가 숙녀가 되어 나타난 모습에 반해서 그때부터 나에게 오빠한테 시집오라며 이것저것 선물도 사 주고 내가 막내오빠랑 교회를 가면 교회도 따라오고, 퇴근길에 딸기며 군밤이며 맛있는 것들을 사다 주고 가곤 하였다.

나는 "서울 사람한테 시집갈 거야, 지금의 남편인 동규 오빠는 옆 동네 사람이라 시집가기 싫다."고 했으나 막내오빠는 동규가 똑똑하고 생활력도 강하고 친구들 중에 인간성이 가장 좋다고 입이 닳도록 칭찬을 했었다.

막내오빠는 좋은 레스토랑에서 맛있는 것 사 준다고 나를 데리고 나갔다가 나와 동규 오빠만 두고 도망가 버리고 자주 그런 자리를 만들었다. 그렇게 오빠의 노력으로 자연스럽게 가까워진 나와 동규 오빠는 지금 한집에 사는 사이가 되었다.

동생인 내가 1년 먼저 결혼했는데, 결혼한 후에도 신혼집에 매일 비디오테이프 몇 개씩 빌려 와서 그것도 우리 둘 사이에 끼어서 보다가 잠들기도 하고 집전화로 남편에게 전화를 걸어 진례에게는 장례식장 간다고 거짓말하고 다른 데 놀러 가자고 불러내기도 하는 장난기 많은 오빠였다.

지금도 우리 집 근처에 살고 있는데 사업이 바빠서 지방으로 외국으로 자주 다니느라 얼굴 보기도 힘들지만, 형들과 동생인 나를 많

이 챙기고 신경 써 준다. 우리 가족은 부모님의 유언대로 형제간의
우애가 참 좋다. 이런 가족들이 있어 나는 행복하다.

03

🌱

여보, 사랑해

표현력이 없는 남편은 평상시에는 거의 말이 없으며 사랑 표현을 잘 못하는 편이다. 가끔 가볍게 술 한잔하고 퇴근하는 길에 전화로 사랑한다는 말을 많이 한다. 항상 뭐 먹고 싶은 것이 있느냐고 물어보며 아이스크림을 사 오기도 하고, 통닭을 사 오기도하고, 어떤 때는 피자를 사서 덜렁덜렁 들고 오다가 다 찌그러져서 빈대떡이 된 적도 있다.

우리 세 식구는 남편이 퇴근하고 집에 오면, 자연스럽게 스킨십을 한다. 내가 어릴 때부터 엄마에게서 배운 자연스러운 표현이다. 오늘도 수고했다며 끌어안아 주고 토닥거려 준다. 아들도 "아버지, 수고하셨어요." 하며 꼬옥 안아 준다. 그러면 남편은 쑥스러워하면서도 엄청 기분 좋아한다.

유태계 독일인 정신의학박사 빅터 프랭클은 아우슈비츠 강제 수용소에 갇혀 있다가 기적처럼 살아남았다. 수용소에는 먹을 것도 입을 것도 변변치 않았을뿐더러 어떤 의학적 도움도 받을 수 없었다. 콩 한쪽이 들어 있는 수프 한 그릇이 하루 식사의 전부인 날들이 이어졌다. 그곳에서 그는 많은 사람들이 죽어 나가는 모습을 지켜보아야 했다.

드디어 전쟁이 끝나고 얼마 되지 않은 생존자들과 함께 그는 세상 밖으로 나왔다. 어떻게 살아남았느냐고 묻는 사람들에게 그는 이렇게 대답했다.

"사랑하는 아내의 손에 마음을 집중했다. 꼭 다시 만나 아내의 손을 한 번 더 잡아 보고 싶었다. 이런 생각이 지옥 같은 순간순간을 버텨 내게 했고 결국 살아남았다."

그에게 있어 아내의 손은 희망이고 생명이었다.

내 남편은 잘 때 내 손을 꼭 잡고 자는 버릇이 있다. 결혼 한 지 30년이 되었지만 한결같이 손을 잡고 잔다. 농담으로 내가 도망갈까 봐 꼭 잡고 자느냐고 물으면 그렇다고 하면서…. 항상 자기가 더 잘해 주지 못해 미안하고 더 호강시켜 주지 못해 미안하다고 말하는 착한 남편이다. 난, 이런 우리 남편이 있어 행복하고 감사하다.

30년을 비가 오나 눈이 오나 아무리 피곤해도 남편이라는 무게, 아버지라는 삶의 무게에 참 많이 버거웠을 텐데 내색 한번 안 하고 묵묵히 가장의 자리를 지켜 준 남편, 곤히 잠들어 있는 얼굴을 보고 있으면 왠지 모르게 마음이 짠해 온다. "여보! 당신도 절대 아프지 말아요. 고마워요. 사랑해요."라고 마음속으로 고백한다.

04

🌱

세상에서 가장 고귀한 눈물

쥬디는 매혹적이고 활발한 그리스도인이다. 그녀는 아름다운 목소리를 가졌고 그래서 다양한 곳에 초청을 받아 노래를 하였다. 그러나 몇 달 후, 의사는 그녀의 후두에서 악성종양을 발견하였다. 의사는 그녀에게 수술할 것을 권하였다.

말도 하지 못하게 될 것이라는 두려운 생각 때문에 그녀는 가능한 한 최대로 수술 시기를 연기하였다. 점차 노래 부르기가 어렵고 대화하는 데 큰 장애가 왔다. 그녀는 매일 주님께 그 수술과 회복을 주장해 달라고 기도하였다. 그녀는 시간이 지나면서 더욱 간절히 기도했다.

"제발 제가 당신의 뜻을 순종하는 것이 행복하다는 것을 알도록 도와주소서. 저는 제가 말할 수 없다는 사실에 대하여 어떻게 직면

해야 할지 잘 모르겠습니다."

그녀는 자신의 재능이 진실로 하나님으로부터 받은 선물이라는 사실과 그분이 그 재능을 주신 데에는 목적이 있었다는 사실을 알게 되었다. 그래서 그것이 매우 귀중하게 여겨졌다. 그녀는 주님을 위해 앞으로도 노래할 수 있는 기회가 있게 해 달라고 기도하기 시작했다.

마침내 수술 전 먼저 종양의 정확한 위치를 찾는 검사를 진행했다. 갑자기 의사가 검사를 멈추고 그동안의 의료일지를 살펴보고 놀라움에 가득 차서 "그 어디에도 종양은 없어요."라고 말했다.

그녀의 두려움이 모두 사라졌고 집으로 달려가 그녀의 남편에게 이 사실을 이야기했다. 그녀는 남편의 대답에 의사의 이야기만큼이나 놀라워했다. 그녀도 모르는 사이 불신자인 남편은 주님께 치료해 달라고 매일 기도했던 것이다. 반면에 그녀는 단 한 번도 남편이 기도한다는 것에 대해 생각해 보지 못했었다. 그러나 하나님께서는 남편의 기도를 듣고 그녀를 치료해 주셨다.

내가 6년 전 갑작스러운 건강 이상으로 큰 수술을 하게 되어 오랫동안 입원한 적이 있었다. 어느 날 불면증과 통증으로 잠을 이루지 못해 수면제를 먹고 간신히 잠이 들었다가 깨어났는데, 이상한 장면을 목격하였다. 남편이 병실의 찬 바닥에 무릎을 꿇고 눈물에 콧물까지 흘리며 기도를 하고 있었다.

"하나님, 나는 당신을 몰라요. 기도할 줄도 몰라요. 그렇지만 이 사람 제 아내 김진례 제발 살려 주세요. 제발 아프지 않게 해 주세요."

교회도 안 다니는 남편이 그렇게 간절하게 기도하던 모습은 내게 충격이었고 감동이었다. 남편의 간절한 기도 때문이었는지 나의 상태는 빠르게 호전되었고 건강한 모습으로 퇴원을 할 수 있었다.

기도하는 아내, 기도하는 남편을 둔 부부는 참 행복할 것이다. 우리 부부도 서로를 위해 기도해 주는 부부가 될 날을 나는 오늘도 기대하며 남편을 위해 기도한다.

05

남편의 사랑

아내는 가정에 파송된 선교사이다. 아내는 남편과 자녀에게 사랑의 복음을 전할 의무가 있다. 아이들에게는 자상한 어머니지만 남편에게 무관심한 아내는 행복을 느끼지 못한다. 현모악처는 불행하다. 아내는 남편의 사랑을 받을 때 보람을 느끼고 행복하다.

아내의 인생이란 연주회에서 청중들의 기립박수를 받는다 하더라도 단 한 사람, 인생의 동반자인 남편에게서 칭찬을 받지 못한다면 행복할 수 없다. 부부가 서로 행복을 누리기 위해서는 마음속 깊은 곳에서 우러나오는 두 개의 문장을 즐겨 사용해야 한다. 바로 '고마워요'와 '사랑해요'이다.

작가 마크 트웨인의 아내 사랑은 극진한 편이었다. 그는 아내 빅토리아가 얼음판에서 넘어져 불구가 되었으나 변치 않는 사랑으로 돌봐 주었다.

어느 날 새벽, 유난히 시끄러운 새소리에 잠을 깬 마크 트웨인은 살며시 일어나 책상 앞에서 뭔가 열심히 적었다. 그는 곧 정원의 나무마다 글을 쓴 종이를 붙여 놓았다. 그 종이들은 바람에 나풀거렸고 조금 후 새들은 날아갔다. 거기에는 이런 글이 적혀 있었다.

"새들아, 조용해다오. 아픈 아내가 자고 있으니까."

내 남편은 가끔 같은 반찬이 있거나 맛이 없는 반찬이 올라오면 웃으며 "반찬들아, 안녕! 우리 내일은 만나지 말자. 안녕~" 하며 손을 흔든다. 대신 자기가 좋아하는 꽃게탕이나 갈치조림, 잡채 등이 있을 때는 엄청 오버하며 "캬!"를 연발한다. 우리 부인 식당 차려도 되겠다며 '엄지 척' 칭찬을 해 준다.

반찬 투정을 하기보다 '반찬들아 안녕'을 하니까 나도 어이없어서 웃지만, 마음속으로 '내일은 남편이 좋아하는 반찬을 만들어야지' 하며 미안한 마음을 갖게 된다. 유머러스한 남편의 사랑을 듬뿍 받는 나는 한없이 행복하다.

06

🌱

주님을 사랑하는 부인과
주(酒)님을 사랑하는 남편

모니카의 내조를 소개한다. 모니카라 하면 어거스틴의 어머니요 파트리 기우스의 아내임을 누구나 잘 알고 있다. 그런데 어거스틴이라 하면 아버지 파트리 기우스보다 어머니 모니카를 생각하면서 칭찬한다. 이유는 어거스틴이 성자가 된 것도 모니카의 덕분이요, 파트리 기우스가 이름이 나 있는 것도 아내 모니카의 내조 덕분이기 때문이다.

그런데 파트리 기우스는 예수를 믿지 않았고 아내 모니카는 독실한 기독교인이었다. 그런데 모니카는 남편에게 어찌나 온순하고 순종했던지, 남편이 성급하고 난폭했음에도 불구하고 비위를 잘 맞추어서 내조를 했다고 한다.

이런 이야기도 있다. 모니카의 남편이 화를 내고 폭언을 하면 같이 대항하거나 변론하지 않고, 남편의 곁을 슬그머니 떠나 있다가 남편이 화가 가라앉고 정신이 들면 돌아와 온순한 말로써 문제의 일에 대한 경과를 말하고 무엇을 어떻게 잘못되었는가를 천천히 그리고 낮은 목소리로 설득하여 화를 풀어 주었다는 것이다.

어느 힌두교도가 기독교로 개종하여 남편으로부터 심한 박해를 받았다. 그러한 사실을 안 선교사는 그 여인에게 남편이 화를 낼 때면 어떻게 하느냐고 물었다. 그러자 이렇게 대답하였다.

"글쎄요, 저는 남편을 위해 더 좋은 음식을 만들고, 남편이 불평할 때면 마루를 더 깨끗이 닦고, 남편이 퉁명스럽게 말하면 더욱더 부드럽게 대답하지요. 선교사님, 저는 제가 크리스천이 된 후로 더 훌륭한 아내와 어머니가 되었다는 것을 남편에게 보여 주려고 노력하고 있어요. 더 좋은 아내가 되어야죠."

내 남편 별명은 장로님이다. 술을 좋아하는 남편이 진짜 장로는 아닌데 기도원 원장이셨던 친정엄마는 "장래의 우리 황 장로님, 황 장로님!" 이렇게 불러서 오빠들도 내 남편을 부를 땐 "장로님 잘 있냐?"고 묻는다.

남편은 금요일 저녁이면 주(酒)님을 만나러 갔다 오겠다고 전화가 온다. 나는 오늘도 기도한다. 남편이 나랑 진짜 주님을 만나러 갈 날을 기대하며 그리고 교회에 장로님이 될 날을 고대하며 남편에게 더 많은 사랑을 주려고 노력한다.

07

🌱

결혼 30주년 선물

특별한 날에는 상대방에게 선물을 한다. 선물은 자신의 마음을 표현하는 수단으로, 여러 가지 의미가 담겨 있다.

선물의 의미를 살펴보면 밸런타인데이 때 주는 초콜릿은 '당신을 사랑해요'라는 고백의 의미가 있고, 꽃다발의 꽃에도 여러 가지 의미가 담겨 있다. 가장 많이 선물하는 장미는 진실, 정열, 열렬한 사랑을 의미한다. 시집도 많이 선물하는데 시집은 '저도 당신을 사랑해요'라는 로맨틱한 의미가 있고, 앨범은 '당신과 나의 추억을 영원히 간직해요'라는 의미를 가지고 있다. 향수는 '언제나 나를 기억해 줘요'라는 의미이고, 손수건은 '이별'의 의미가 있다. 목걸이는 '내 마음의 반을 당신에게 드려요'라는 의미이고, 종이학은 '당신을 영원히 사랑해요'라는 의미이다.

미국의 소설가 오 헨리의 작품 「크리스마스 선물」이란 이야기가 있다. 한 도시에 가난하지만 사랑이 넘치는 부부 짐과 델라가 살았다. 성탄절이 다가오자 두 사람은 각각 걱정이 되었다. 서로에게 크리스마스 선물은 하고 싶은데 너무 가난해서 선물을 살 돈이 없었다.

그러나 부부는 꼭 서로에게 크리스마스 선물을 하고 싶었다. 그래서 아내 델라는 자기의 아름다움의 상징인 삼단 같은 금발 머리카락을 잘라서 남편의 손목시계에 매달 아름다운 시곗줄을 선물로 샀다.

한편 남편 짐은 아내를 위해 선물을 살 돈이 없어서 궁리 끝에 자기의 손목시계를 팔아서 아내의 금발머리에 꽂을 예쁜 머리핀을 크리스마스 선물로 샀다.

드디어 크리스마스 날이 되어 두 사람은 각각 준비한 선물을 주고받았다. 남편은 아내에게 머리핀을 선물로 주었으나 아내에게는 머리핀을 꽂을 수 있는 금발머리가 없었다. 또 아내는 아름다운 시곗줄을 남편에게 선물로 주었다. 그러나 남편에게는 그 시곗줄을 달 시계가 없었다.

결국 준비된 선물들은 쓸모가 없게 되었다. 그러나 두 사람은 서로의 뜨겁고 진실한 사랑을 확인하면서 서로 부둥켜안고 감격과 행복의 눈물을 흘렸다. 너무나 멋진 크리스마스 선물이었다. 사랑은 엄동설한의 추위도 녹인다.

남편이 결혼 30주년 기념 선물이라며 체인으로 된 금 목걸이, 팔찌, 반지 세트 20돈을 선물로 해 주었다. 결혼기념일에 봉투에 돈을 넣어 주거나 백화점에 가서 옷을 사 준다거나 근사한 식당에서

밥을 먹거나 그런 적은 많았지만 금 선물은 처음이었다. 뭔가 의미 있는 선물을 주고 싶었나 본데, 생각지도 못한 선물에 감동했다.

금덩어리가 좋아서라기보다 정금처럼 변함없이 사랑하며 백년해로하고 반짝반짝 빛나는 삶을 살아가자는 남편의 깊은 마음이 고마울 뿐이다. 내가 여자로서 아내로서 인정받고, 사랑받고 있다는 느낌이라 더없이 행복하다.

08

🌱

옆집 아저씨, 옆집 아줌마

남편이란 존재는 이래저래 애물 덩어리라는 유머가 있다.

"세상 물정 모르는 남편들 돈 잘 벌어 주면 내 남편이고, 집에 두면 근심 덩어리. 밖에 데리고 나가면 짐 덩어리. 마주 앉으면 한숨 덩어리. 더 오래 지내다 문득 바라보니 원수 덩어리. 혼자 밖에 내보내면 사곳덩어리. 내가 먼저 저세상에 가면 며느리에게 구박 덩어리. 명예 퇴직하더니 골칫덩어리. 명절 때 보니 밥 덩어리. 사업한답시고 6개월 만에 빚 덩어리."

어떤 사람들은 남의 편만 들어서 남편이라 하고, 나가면 남의 것이라 남편이라는 등의 말을 한다.

나는 남편을 옆집 아저씨라 생각하고 살다 보니 싸울 일이 거의 없다. 나는 남편한테 "나는 당신을 옆집 아저씨라 생각하겠다."고

했더니 처음엔 의아해했다. 옆집 아저씨는 몇 시에 들어오든 별 상
관이 없으니 바가지 긁을 일이 없을 거고, 불만이 있어도 다 표현하
지 않으니 싸울 일이 없으니 그렇게 생각하겠다고 했더니 어이가 없
는지 웃었다.

　나도 옆집 아줌마라 생각하든지 친구 와이프라 생각하고 대하라
고 했더니 허허 웃었다. 대부분의 사람들은 남에게는 예의를 다하
지만 내 사람에게는 때로는 너무 편해서 소중함을 잊고 살 때가 있
는 것 같아서 이런 제안을 한 것이다.

　요즘도 우리 부부는 서로 옆집 아저씨, 옆집 아줌마를 대하듯 서
로 존중하며 살고 있다. 옆집 아저씨, 옆집 아줌마 대하듯 한다고
사이가 안 좋은 건 아니다. 더 배려하고 더 많이 아껴 주며 사는 행
복한 부부이다.

09

🌱

빨간색을 좋아하는 나

'컬러 테라피'라는 대체의학의 치료 방법이 있다. 색상에는 상징적 의미와 컬러의 효과가 있다. 색상을 통해 내면의 감정을 파악해 심신의 균형을 되찾도록 하는 심리 진단 치료 방법이다. 컬러 테라피는 상담 치료법 또는 대체의학으로 받아들여지고 있으며 섭식 장애와 비만을 치료하고 정신질환을 진단하는 현대 의학의 하나로 자리 잡아 가고 있다.

컬러 테라피의 역사는 의외로 길다. 태양을 숭배했던 고대 이집트에서는 신전의 창문에 각각 다른 색의 햇빛이 들어오도록 해서 빛을 이용해 질병을 치료했고, 중세의 교회는 창문 유리에 빨강, 주황, 노랑, 파랑, 자주색 모자이크를 사용해 심리적 치료 효과를 주었다. 동양의학도 음양오행의 다섯 가지 색깔을 신체와 유기적으로

연관해 생각하는 관점을 지니고 있고, 현대의학은 약국에서 사 먹
는 캡슐의 색깔에도 알고 보면 컬러 테라피의 원리가 숨어 있다.

우리 조상들은 나쁜 기운을 몰아내기 위해 신부에게 연지 곤지를
발랐고, 무병장수를 기원하며 명절날 어린아이에게 색동저고리를
입혔다. 며느리가 출산을 하면 부정을 막기 위해 문밖에 붉은색 고
추를 달았다.

음식에서도 컬러 테라피의 흔적을 찾을 수 있다. 비빔밥, 떡국 등
에 올려놓은 오색고명과 다양한 색깔을 자랑하는 구절판이 그 실례
이며, 우리 조상들은 오방색을 활용해 컬러 테라피를 완성했다. 검
정, 하양, 빨강, 파랑, 주황 등 다섯 가지 색으로 구성된 오방색.
오행에 근간을 둔 이들 색채는 우리 인체를 구성하고 있는 장기들과
밀접한 연관이 있다.

의학이 발달하지 못했던 과거 시절, 선조들은 오방색을 통해 건강
과 마음을 챙겼다면, 현대에서는 일상생활에서 옷이나 음식, 건물
인테리어, 메이크업 등 다양하게 활용되고 있다.

빨간색은 건강을 의미한다. 빨간색은 부정적인 사고를 극복하는
데 도움을 주고, 혈액순환에 도움을 주기도 하기에 아픈 환자분에
게 붉은 꽃을 선물하기도 한다.

빨간색은 열정을 자극한다. 빨간색을 보면 활력이 생기고 흥분이
되기도 하기 때문에 동물적인 본성, 열정을 자극한다.

빨간색은 부귀를 나타낸다. 중국인들이 빨간색을 좋아하는데 국
기도, 건물도, 옷도 빨간색이고 붉은 내복이나 양말도 자주 신는

다. 이는 빨간색이 권력, 부를 나타내는 색채이기 때문이다.

빨간색을 좋아하는 사람들은 활발하고 외적인 활동을 좋아하고 개성이 뚜렷한 사람이나 모험심이 가득한 사람이다. 특히 우울하거나 몸이 축축 처질 때 빨간색 옷을 입거나 빨간색 소지품을 가지고 다니면 건강에 도움이 된다.

나는 언니가 투병 중일 때 병간호하러 매일같이 한 주는 신촌 세브란스 병원으로 한 주는 용인에 있는 언니 집으로 다니면서 유머 책을 사서 보고 언니에게 가서 재미있는 이야기를 들려주기도 하고 언니가 좋아하는 찬송가를 병원 1인실에서 10장씩 불러 준 날도 있었다.

언니의 기분이 우울해지지 않도록 입고 가는 옷 색깔에도 신경을 쓰곤 했다. 나는 사실 베이지 톤이나, 핑크, 카키 톤의 차분한 옷 색깔을 좋아했었다. 내 옷이 어두우면 암 투병하는 언니의 기분이 우울할까 봐 매일 밝고 환한 빨간색, 녹색, 파란색 등의 원색 옷을 입었고, 환하고 밝은 옷이 나의 기분까지 좋아지게 만드는 것을 느꼈다.

그래서 나는 요즘도 중요한 강의가 있는 날엔 빨간색 옷을 자주 입는다. 빨간 옷을 입으면 난 자신감도 생기고 기분도 좋아진다.

시 낭송가인 안양희 님께서 나에게 시를 써서 카카오 톡으로 보내 주었다.

제목 : 그녀

"빨간 바지! 빨간 재킷! 흰색 티셔츠,

긴 머리, 눈에 확 띈다.

미모와 몸매는 더 띈다.

그런데 하는 짓이 참 예쁘다.

어찌 그녀를 사랑하지 않을까?

빨간 바지 그녀를"

나도 빨간 장미처럼 열정적이고 멋지고 당당한 여자로 예쁜 향기를 내는 사랑받는 아름다운 여자이고 싶다.

10

가족의 응원

내 가족은 든든한 남편과 멋지게 생긴 연예인 아들, 이렇게 세 식구이다. 날마다 행복한 가족이 있어 나는 정말 행복하다. 어려울 때 우리 곁을 지켜 줄 마지막 사람은 가족이다. 가족에게는 조건 없는 사랑이 있기 때문이다.

서양에서는 병원에서 수술 환자가 회복 중일 때 위생을 이유로 철저하게 의료진의 손에 맡겨지지만, 동양에서는 대체로 가족들도 병간호를 돕도록 허락되어 있다. 특히 인도에서는 가족들의 병수발이 미덕이라고 한다. 가족들이 밤을 새우며 곁을 지켜 주면서 환자가 통증으로 깨어나면 다시 잠들 때까지 마사지해 주는 것이다.

놀라운 것은 가족들이 이렇게 환자의 회복을 도울 때, 의료진만의 도움으로 치료를 받는 환자보다 적은 진통제를 필요로 한다는 사실이다. 육체적으로든, 경제적으로든 고통을 겪고 있을 때 가족의 사랑이 진통제며 치료제이다. 가족이 희망인 것이다.

괴테는 노래한다.
"우리는 어디서 태어났는가? 사랑에서….
우리는 어떻게 멸망하는가? 사랑이 없으면….
우리는 무엇으로 자기를 극복하는가? 사랑에 의해서….
우리를 울리는 것은 무엇인가? 사랑….
우리를 항상 결합시키는 것은 무엇인가? 사랑…."

그런데 안타깝게도 요즈음 가족 간의 갈등과 반목으로 인해 가장 포근하고 안락해야 할 보금자리가 상처와 갈등으로 얼룩져 있는 경우도 다반사이다. 부부 문제, 자녀 문제, 형제 문제 등 다른 누구도 아닌 가족에게 느낀 배신 혹은 상처는 그만큼 골이 더 깊다.

하지만 가족이 살아야 내가 산다. 가족의 불행이 나의 불행을 야기하며, 또 가족의 불행을 외면하고 나 혼자 행복할 수는 없다. 가족은 공동 운명체이기 때문이다. 힘들어도 곁에서 응원해 주고, 화나고 속상해도 곁에서 이해하고 보듬어 주어야 한다.

내 가족의 일원이 고통 속에 있는 한, 나는 아무리 즐거워하려 해도 그렇게 될 수 없다. 가족이 화목하지 않는 한, 마음에서 우러나오는 희망도 그 빛이 흐리다. 가족 간의 사랑은 상상을 초월한다.

미국에서 한때 〈아버지의 사랑〉이란 제목으로 유명세를 탔던 동영상이 있었다. 동영상의 주인공은 아버지 딕과 그의 아들 릭이다. 릭은 말할 수도, 손가락 하나 꼼짝할 수도 없는 장애아로 태어났다. 성장하면서 릭은 컴퓨터를 이용하여 간단하게나마 의사소통을 할 수 있게 되었다.

그러던 어느 날 릭은 아버지에게 "달리고 싶다."라고 표현했다. 이에 아버지는 곧바로 회사를 그만두고 릭과 함께 달리기를 시작했다. 이들 부자는 수많은 마라톤 대회에 함께 참가하여 완주의 기쁨을 나누었다.

시간이 흘러 아들은 아버지께 이번에는 철인 3종 경기에 참가하고 싶다고 하였다. 수영도 할 줄 몰랐던 아버지는 아들의 희망에 즉시 연습을 시작했다. 마침내 아버지는 아들과 함께 철인 3종 경기에 도전했다.

아버지는 아들이 탄 고무배를 끌며 3.9㎞의 바다를 헤엄치고, 아들을 태운 자전거로 180.2㎞를 달렸으며, 아들이 앉은 휠체어를 밀어 42.195㎞의 마라톤을 완주하여 경기를 치러냈다.

무엇이 아버지를 초인으로 만든 것일까?

"아버지가 없었다면 저는 할 수 없었어요."

아들의 말에 아버지가 대답했다.

"네가 없었다면 아버지는 하지 않았다."

에리히 프롬의 말처럼 성숙하지 못한 사랑은 "내가 당신을 필요로 해서 당신을 사랑합니다."라고 말하지만 성숙한 사랑은 "내가 당신을 사랑해서 당신을 필요로 합니다."라고 말하는 법이다.

소포클레스는 "삶의 무게와 고통에서 자유롭게 해 주는 한마디의 말, 그것은 사랑이다."라고 했다. 가족끼리 무조건 서로 격려하고 칭찬하고 사랑하라. 칭찬과 격려의 말은 기적을 만들어 낸다. 가족보다 더 소중한 것은 없다.

HAPPINESS..

PART 09

행복의 기쁨

이 세상에서 가장 행복한 사람은 누구일까? 언제나 감사를 외치
는 사람이다. 당신이 감사를 외치는 한, 당신은 이 세상에서 가
장 행복한 사람이다. 행복은 누가 가져다주는 것이 아니라 감사
로 내가 만드는 것이다. 그래서 행복은 수제품이라고 하지 않았
는가?

01

🌱

나의 보물, 사랑스런 아들

세무서 직원이 한 목사의 집에 불쑥 찾아왔다.

"댁의 재산을 조사 하려고 세무서에서 왔습니다."

평소 주변 사람들에게 자신은 엄청난 부자라고 얘기하던 목사답게 그는 대뜸 이렇게 실토했다.

"저는 숨겨 둔 재산이 아주 많습니다."

세무 공무원은 한 건 잡았다고 생각했는지 부리나케 장부를 꺼내 들었다. 재산 목록을 하나도 빠짐없이 적기 위함이었다. 목사는 숨겨 둔 재산을 하나씩 밝히기 시작했다.

"저에게는 구원을 주시고 또 영원한 천국을 누리게 하시는 예수님이 내 안에 계십니다. 그분이 저에게는 가장 귀중한 보물입니다."

세무서 직원은 그것 말고 이 세상에 있는 것을 빨리 대라고 재촉

했다.

"예, 저에게는 이 세상에서 하나밖에 없는 아내입니다. 아내야말로 제게는 귀중한 보물입니다. 솔로몬 왕이 말했듯이 귀한 아내는 보석보다 가치가 큽니다."

다소 실망한 세무서 직원은 다른 것은 없느냐고 물었다.

"또 건강하고 믿음 좋은 아들이 있지요. 커서 하나님을 위해 귀히 쓰일 귀금속이랍니다."

"그것 말고 뭐 없습니까?"

"예, 제 마음속에는 어떤 보석과도 바꿀 수 없는 놀라운 기쁨과 평화가 있습니다."

"그 외에 다른 건 없습니까?"

"예, 그것이 저의 전 재산입니다."

세무서 직원은 아무것도 적지 못한 채 장부를 덮으며 목사에게 말했다.

"댁은 정말 부유한 분입니다. 그런데 그 많은 재산 가운데 세금을 내야 할 것은 하나도 없군요."

나에겐 보석 같은 멋진 아들이 있는데, 속 깊고 자상하고 대화가 잘 통하는 아들이다. 우리는 엄마랑 아들 같지 않고 친구 같고 남매 같다고 남들이 말할 정도로 우리는 서로 시간이 맞을 때면 함께 맛있는 것도 먹으러 다니고, 옷 입는 취향도 비슷해서 쇼핑도 자주 다닌다. 내 생일날이면 미역국도 끓여 주고, 엄마의 눈가에 주름이 생기면 아이크림도 조용히 사다가 화장대에 살짝 놔주는 멋진 아들이다.

아들은 연예인인데 유명하지는 않다. 친척들도 힘든 직업이라며 걱정 어린 시선을 보낼 때도 있지만 나는 우리 아들이 반드시 잘될 거라고 믿는다. 어릴 적 외할머니가 항상 무릎에 안고 전 세계를 주름잡는 멋진 아들이 되게 해 달라고 매일 기도를 하셨다. 나 또한 아들이 반드시 슈퍼스타가 될 것이라 믿는다. 나는 기도한다. 하나님이 예비해 놓으신 그분의 때가 오면 그분이 높여 주실 거라 믿는다.

기도하는 자식은 망하는 법이 없으며 어머니의 기도는 자식에게 축복의 밑거름이 된다.

02

진숙 언니

2009년 12월 22일 주무시다 돌아가신 아버지의 장례를 치르고 오빠들과 삼우제 때 만나자고 인사하고 돌아오는 길에 언니가 위독하다는 조카의 전화를 받았다. 갑작스러운 전화에 나는 '꿈이었으면…' 싶었고 언니를 보내고 싶지 않았다.

용인에 살던 언니가 거주지를 천국으로 옮기던 날. 그날은 12월 25일 크리스마스였다. 언니는 53세의 나이에 급성 백혈성 골수암으로 3년 동안 투병하다 하늘나라에 갔다. 거리마다 교회마다 '기쁘다 구주 오셨네'를 외치던 낮 12시 40분, 나는 하나뿐인 언니의 임종을 지켜보고 있었다.

언니는 온 세상이 성탄의 기쁨으로 가득한 그날, 나의 곁을 떠났다. 어제까지는 아버지의 장례를 치르고, 오늘은 하나밖에 없는 언니의 장례식, 아버지의 삼우제, 그리고 다시 언니의 삼우제, 네 명의 오빠들과 나는 꿈인지 생시인지도 모르게 말로만 듣던 줄초상을 치렀다.

항상 당당하고 카리스마 넘치는 맏딸. 언니는 책임감도 강하고 동생들을 잘 챙기는 사람이었다. 언니와 나는 13살이나 차이가 나서 내가 어릴 적에는 언니가 조금 어렵게 느껴졌지만, 언니는 나를 딸처럼 챙겨 주고 예뻐해 주었다. 언니는 내가 방학 때 집에 놀러 가면, 첫날은 무조건 목욕탕에 데리고 가서 때를 밀어 주었고, 짜장면을 좋아하는 나에게 짜장면을 사 주고 머리부터 발끝까지 새 옷으로 예쁘게 꾸며 주었다.

내가 결혼하고 아이를 낳고 나서는 엄마, 아버지 생신이면 무슨 선물을 할지도 서로 의논하는 친구 같은 언니이자 엄마 같은 언니였다. 그렇게 의지하던 언니가 하늘나라에 가고 한동안 나는 너무 힘든 날들을 보냈다.

누구도 만나기 싫었고 우울증 환자처럼 하루 종일 휴대폰도 꺼 놓고 누구의 위로도 받고 싶지 않았다. 아무런 의욕도 없었고 커튼 쳐진 방 안에서 나오기도 싫었다. 그러다 문득 항상 힘이 넘치고 당당하던 언니가 이렇게 힘을 잃은 동생을 바라보면 슬퍼할 것 같다는 생각이 머리를 스쳤다.

뭐라도 하면 좋을 것 같다는 생각에 이것저것 찾다가 웃음치료라는 것을 알게 되었다. 우연한 기회에 웃음이라도 되찾아 보자고 찾아갔던 곳에서 웃음치료를 배우고 웃음을 되찾게 되었고, 지금은 웃음치료 강사로도 활발히 활동 중이다.

　모든 걸 포기하고 싶을 만큼 어려운 시간을 겪을 때만 해도 내가 이런 강사가 될 것이라는 것은 꿈도 꾸지 못했었다. 하지만 지나고 보니 그 시간이 내 인생에 터닝 포인트가 되었고 앞으로 더 잘 살아 갈 수 있도록 단단해지는 계기가 되었다. 이제는 나보다 더 힘든 사람들에게 꿈과 희망을 주는 리더십 스피치강사로 더 열심히 활동하고 싶다.

03

머리를 깎은 언니

어느 초등학교 4학년 여학생이 백혈병에 걸려 항암 치료를 받았다. 그래서 머리카락이 다 빠져 가발을 쓰고 학교를 다녔다. 그런데 모두는 아니지만 반 친구들이 가발을 벗기며 놀려 댔다. 가발을 쓰면 벗기고 또 벗기고…. 급기야 그 여학생은 학교 가기를 거부했고 늘 자살할 생각만 했으며 병은 더욱 깊어갔다.

반면에 같은 학교 남학생이 뇌종양에 걸려 그 학생도 방사선 치료와 화학요법 때문에 머리카락이 모두 빠졌다. 한 친구가 친구의 아픔을 조금이라도 같이 나누고 싶었지만 어찌할 방법이 없었다. 그래서 자기의 머리를 완전히 밀어 버렸다. 그리고 하나, 둘, 셋…. 그 반 학생들은 앞을 다투어 머리카락을 깎았다. 며칠 후 뇌종양에 걸린 남학생 반에는 한 사람도 남김없이 모두 머리를 깎았다. 뇌종양에 걸린 학생은 의사가 놀랄 정도로 빠르게 회복되어 갔다.

사랑은 암세포를 소멸시키고 외로움은 암세포를 증가시킨다. 사랑과 배려가 몸의 병을 치유하고 암을 치료한다. 외로움은 독약이고 사랑은 보약이며, 사랑은 생명수와 같다.

나는 언니가 3년 동안 투병할 때 가장 가까이에서 최선을 다해서 간호해 주었지만 단 한 가지 못해 준 것이 있다. 장군 부인이고 소위 잘나가던 언니, 나보다 키도 크고 눈도 크고 서구적으로 생긴 예쁜 언니가 항암치료로 인해 머리카락이 빠져서 결국 머리를 밀었다.

언니가 너무 속상하다고 울었을 때, 내가 대신 아파해 줄 수도 없어서 남편과 아들한테 나도 언니처럼 머리를 밀고 싶다고 했더니 남편이랑 아들이 그건 좀 아닌 것 같다고 반대해서 밀지 않았다. 나의 솔직한 마음으로는 내 머리는 금방 자랄 거니까 언니에게 힘내라는 뜻으로 함께해 주고 싶었는데 그렇게 해 주지 못해 지금도 아쉬움이 남는다.

이렇듯 가족은 힘들 때 같이 아파해 주고 격려해 주고 진심으로 응원해 주는 영원한 아군인 것이다. 사랑이란 모든 걸 다 주고도 더 줄 게 없는지 살피는 것이다.

04

네 명의 지원군

어려울 때 우리 곁을 지켜 줄 마지막 사람은 가족이다. 가족에게는 조건 없는 사랑이 있기 때문이다.

나에겐 자상하고 든든한 4명의 오빠들이 있다. 종갓집 장손인 큰오빠는 장남답게 모든 친척들의 경조사며, 부모님 산소도 제일 자주 가고, 동생들에게 안부 전화와 문자도 자주 해 주고, 수시로 동생들을 챙기는 듬직하고 다정다감한 오빠이다.

오빠들 중에 제일 말은 없지만 말없이 동생 손 꼬옥 잡아 주며 막냇동생 1년에 한두 번씩 좋은 공연이나 인기 있는 뮤지컬이 있을 때마다 우리 가족 보라며 VIP 좌석을 예매해 주는 둘째오빠. 둘째오빠는 색소폰도 잘 연주하고, 드럼도 잘 치고 기타까지 잘 치는 멋진 오빠!

나에게 맛있는 비싼 음식들과 랍스터도 잘 사 주는 셋째오빠! 전화 통화를 할 때면 여자들보다 나와 수다를 더 많이 떠는 오빠!

막내오빠는 막냇동생에게 무슨 일이 있거나 아프면 제일 먼저 달려와 주고 엄마, 아버지, 누나가 너무 일찍 돌아가셔서 속상하다며 술 한 잔 먹으면 "부모님 생각나서 너한테 전화했어."라며 부모님께 다 못해 드린 효도 대신 막냇동생한테 더 잘해 주고 싶으니까 아프지 말고 어깨 활짝 펴고 힘내라고 힘과 기를 팍팍 주는 오빠이다.

나는 이런 4명의 개성 강한 오빠들이 있어 참 감사하다. 엄마의 유언대로 우리 남매들은 우애 있게 잘 지낸다. 가끔 남편은 질투까지는 아니지만 자기 오빠들은 참 유별나다며 자기 동생한테 잘해주지 않을까 봐 걱정하는 오빠들이라며 "당신은 좋겠네." 하며 놀려 댄다.

동생이 좀 말라 보이면 보약 한 재 해 먹으라고 조용히 통장에 계좌 이체해 주는 오빠, 맛있는 거 사 먹으라고 한겨울 코트 주머니에 조용히 용돈 넣어 주는 오빠, 언니 기일 성탄절에 내가 우울해할까 봐 예쁜 옷 사 입고 기분 전환하라고 용돈 주는 오빠, 고마운 오빠들에게 나는 근심덩어리가 아닌 행복을 주는 사랑스럽고 당당하고 자랑스러운 막냇동생이고 싶다.

이 세상에 나처럼 오빠들에게 사랑받고 사이좋게 잘 지내는 사람 있으면 나와 보라고 하고 싶을 정도로 난 오빠들 덕분에 행복하고 감사하다. 막내인 내가 부모님과 언니 돌아가시고 갑자기 찾아온 건강 이상으로 부정맥, 고혈압 등 큰 수술로 오빠들을 여러 번 놀라게 하고 걱정시켜서 항상 미안한 마음이 크다.

앞으론 절대 걱정 안 하게 할 테니, 오빠들도 아프지 말고, 막둥이 곁에 오래오래 있어 주세요. 그리고 이런 유별난 오빠들을 질투하지 않고, 항상 곁에서 유별난 가족들을 지지해 주고 미소로 이해해 주는 4명의 미인 올케언니들에게도 고맙다는 말을 하고 싶다.

"오빠, 올케언니들, 사랑해요. 그리고 정말 고마워요."

05

내 친구 백지혜

나에겐 소중한 친구들이 많다. 어릴 적 소꿉친구, 학교 친구, 교회 친구 등등 그중에서도 생각만으로도 나를 미소 짓게 하는 친구가 있다. 나의 모든 고민 상담도 다 들어 주는 언니 같은 친구, 이건 비밀인데 살짝 다혈질 기질에 완벽주의자. 그래서 내가 뭘 잘못하면 나의 단점도 그 자리에서 꼭 짚어 주는 친구. 나랑은 정반대의 성격이다. 그런데 난 지혜가 참 좋다.

어릴 때 즉석 떡볶이 집에 간 적이 있었는데 내가 얘기를 하면서 떡볶이를 들었다 놓았다를 하며 허정거린다고 너 혼자 다 먹으라고 버럭 화를 낸 적이 있었다. 그때는 너무 서운해서 하마터면 울 뻔했다. 나는 내가 그렇게 음식을 헤집어 놓으며 먹는 줄 몰랐다. 그 일이 있은 후 지혜 때문에 나는 나의 잘못된 식사 버릇을 고치게 되었다.

지혜는 나에게 때로는 사감 선생님 같은 친구다. 지혜랑은 재미있는 추억도 참 많고 에피소드도 많다. 항공료, 호텔, 경비 일체를 다 지불해 주며 처음 일본이라는 나라를 데리고 가서 일본 여행을 시켜 준 친구이기도 하다.

우리 엄마가 2003년도에 주무시다가 심장마비로 갑자기 돌아가셨을 때도 제일 먼저 달려와 준 것도 고마웠는데, 많이 놀랐을 거라며 청심환과 속옷까지 챙겨 주고 간 고마운 친구이다.

그 이후에 내가 큰 수술로 갑자기 입원했을 때도 한걸음에 달려와서 갈아입을 옷도 못 챙겨 왔다며 내 여벌 병원복으로 갈아입고는 대신 아파 줄 수는 없으니 아픈 친구 옆에서 하루를 자고 싶다며 불편한 보조 침대에서 자고 가 준 고마운 친구이다.

또 언제는 갑자기 강남에서 잠깐 만나자고 하더니 봉투 하나를 쥐어 주었는데 집에 와서 보니 500만 원이라는 큰돈이 있었다. 바로 전화를 걸어서 이 돈 뭐냐고 너무 많다고 했더니, 네 아들 연기학원 다니는데 돈 많이 들어갈 텐데 이모가 학원비 한 번쯤 내주고 싶다며 대신 나중에 웅선이 연예인으로 잘되면 모른 척하지 말고 그때 나 여행 많이 데리고 다니라며 절대 부담 갖지 말라고 했다.

나보다 한 살밖에 더 안 먹었는데 하는 짓은 완전 언니 같다. 지혜는 송이를 수출하는 사업을 하기도 했었는데, 수출을 많이 해서 무역인 상도 타고 대통령 표창까지 받기도 한 유능한 사업가였다.

나를 살뜰히 챙길 때 잘나가서 나한테 잘해 준 것인 줄 알았는데,

그 당시 친구는 힘든 일도 참 많았지만 나한테 얘기하면 걱정할까 봐 얘기를 안했다고 한다. 이런 친구가 있어서 고맙고 행복하다. 힘들 때 친구를 알아본다 했던가? 지나고 나니 내가 힘든 고비 고비마다 지혜가 있어서 참 고마웠다.

처음 만남은 하늘이 만들어 준 인연이고, 그다음부터는 인간이 만들어 가는 인연이라고 한다. 인생은 만남의 연속이며 만남이 인생의 행복과 불행을 결정한다. 그런 의미에서 지혜를 만난 것은 축복이요 행복이다. 진정한 친구는 어려울 때 돕는 친구이다.

지혜야! 우리 꼬부랑 할머니 돼서도 건강하게 아프지 말고 여행 다니면서 즐겁게 살자. 너의 따뜻한 마음 항상 고마웠지만 표현할 방법이 없었는데 이 책으로나마 그동안 정말정말 고마웠고 속 깊은 네가 내 친구여서 행복하다고 말하고 싶었어. 고마워, 그리고 사랑해!

06

행복론

『카네기 행복론』에 「오늘만은」이라는 글이 있다. 링컨이 "오늘만은 행복하게 지내리라, 대부분의 사람은 행복해지려고 결심한 만큼 행복해진다."라고 말했는데 이 말은 진리이다. 사실 행복은 내부에서 오는 것이지 외부에서 오는 것이 아니다.

기원전 30년 로마의 시인 호레이스가 쓴 「행복하리로다」에는 이렇게 쓰여 있다.

"홀로 있어도 오늘은 내 것이라고 노래하는 사람이여!
마음이 행복한 사람은 외치리.
내일이 최악의 것이 될지라도 그것이 무슨 상관이랴
나는 오늘을 성실하게 살았노라.

행복의 뜨락에서

인간의 성품가운데 가장 비극적인 부분 중 하나는
생활에서 도피하려는 것이다.
모두들 지평선 너머에 있는 마법의 정원을 꿈꾸면서도
정작 집 밖에 피어 있는 장미꽃은 거들떠보려 하지 않는다.”

위 시에는 내일을 걱정하지 말고 하루하루를 열심히 살아가는 것이야말로 현명한 인생이라는 메시지가 담겨 있다.

그렇다. 인생이란 살아온 것이 아니라 살아가는 것이다. 지난 과거에 연연하는 것도 부조리한 것이지만 오지 않은 미래의 중압감 때문에 현재를 잃어버리는 것은 어리석은 것이 아닐 수 없다. 현재를 느낀다는 것, 그것은 마치 혼란스러운 동굴에서 맑은 정신을 끄집어내는 열쇠와도 같다.

자 카아라일의 말을 들어 보라.

“우리의 중요한 임무란 먼 곳에 있는 막연한 것을 찾는 일이 아니다. 그것은 가까운 곳에 있는 것을 실행하는 일이다.”

이 평범한 말 속에 진리가 담겨 있다. 우리가 살아가는 날은 바로 현재뿐인 것이다. 이 방법이야말로 불투명한 미래를 위해 우리가 할 수 있는 최선의 방법이다.

나 역시 행복을 내부에서 찾지 않고 외부에서 찾으려고 하고, 남과 비교하다 보니 행복하지 않았던 때가 많았다. 돈이 많아야 행복하다고 생각한 적도 있었다. 물론 돈을 무시할 수는 없지만 행복은 결코 돈으로 살 수 없는 것이다. 그저 주어진 하루하루 최선을 다하고 보람 있게 살다 보면 행복해지는 것이다.

07

나비천사

이 세상에서 가장 행복한 사람은 누구일까? 언제나 감사를 외치는 사람이다. 당신이 감사를 외치는 한 당신은 이 세상에서 가장 행복한 사람이다.

한 소녀가 산길을 걷다가 나비 한 마리가 거미줄에 걸려 버둥대는 것을 발견했다. 소녀는 가시덤불을 제치고 들어가 거미줄에 걸려 있는 나비를 구해 주었다. 나비는 춤을 추듯 훨훨 날아갔지만 소녀의 팔과 다리는 가시에 찔려 붉은 피가 흘러내렸다.

그때 멀리 날아간 줄 알았던 나비가 돌아와 순식간에 천사로 변하더니 소녀에게 다가왔다. 천사는 "구해 준 은혜에 감사하다."면서 무슨 소원이든 한 가지를 들어주겠다고 했다. 소녀는 말했다.

"이 세상에서 가장 행복한 사람이 되게 해 주세요."

그러자 천사는 소녀의 귀에 무슨 말인가 소곤거리고는 사라져 버렸다.

　소녀는 자라서 어른이 되고, 결혼을 해서 엄마가 되고, 할머니가 될 때까지 늘 행복하게 살았다. 그녀의 곁에는 언제나 좋은 사람들이 있었고, 행복하게 살아가는 그녀를 사람들은 부러운 눈빛으로 우러러 보았다.

　세월이 흘러 예쁜 소녀는 백발의 할머니가 되어 임종을 눈앞에 두게 되었다. 사람들은 입을 모아 할머니가 죽기 전에 평생 행복하게 살 수 있었던 비결이 무엇인지를 물었다. 할머니는 웃으며 다음과 같이 대답했다.

　"내가 소녀였을 때 나비 천사를 구해 준 적이 있지. 그 대가로 천사는 나를 평생 행복한 사람이 되게 해 주었어. 그때 천사가 내게 다가오더니 내 귀에 이렇게 속삭이는 거야.

　'구해 주셔서 고마워요. 소원을 들어 드릴게요. 무슨 일을 당하든지 감사하다고 말하세요. 그러면 평생 행복하게 될 거예요.'

　그때부터 무슨 일이든지 감사하다고 중얼거렸더니 정말 평생 행복했던 거야. 사실은 천사가 내 소원을 들어준 게 아니야. 누구든지 주어진 일에 만족할 줄 알고 매사에 감사하면 하늘에서 우리에게 행복을 주시지!"

　이렇게 말하곤 조용히 눈을 감았다.

　행복은 누가 가져다주는 것이 아니라 감사로 내가 만드는 것이다. 그래서 행복은 수제품이라고 하지 않았는가? 주어진 환경에 감사할 때 행복해지는 것이다. 누군가가 이런 말을 했다. "생각이 곧 감사이다. 생각(Think)과 감사(Thank)는 어원이 같다. 깊은 생각이 감사를 불러일으킨다."

나는 한동안 우울함으로 힘들었던 시간들을 보냈다. 참, 마음이란 녀석은 변덕스럽다. 어떤 날엔 자존감이 높아져서 모든 것에 자신감이 넘치기도 하고, 어떤 날엔 급격히 기분이 다운되어 미래에 대한 염려, 걱정, 두려움으로 잠을 못 이루는 날도 많았다. 교회를 다니고 기도를 한다고 하면서도 누구와도 말하기 싫고 밖에 나가기도 싫었다.

그러던 중 부정적인 생각들과 슬픈 생각 그리고 원망스러운 생각이 나를 엄습할 때 무조건적인 감사를 해 보기로 하였다. 일단 아침에 눈을 떠서 감사하고, 숨 쉴 수 있어 감사하고, 걸을 수 있어 감사하고, 볼 수 있어 감사하고, 이렇게 억지로라도 하나씩 감사하다 보니 '나는 참 감사할 게 많은 사람이구나!'라는 생각이 들기 시작했다.

나쁜 생각은 출입 금지시키고 새날을 주심에 감사하고, 가족이 있어 감사하고, 매일 아침 톡으로 안부를 물어 주는 지인들과 친구가 있어 감사하다. 내가 이렇게 감사를 고백하니 얼굴색이 많이 밝아졌는지 주변에서 화장품을 뭐로 바꿨냐고 자꾸만 물어본다.

우울함도 극복되었고 모든 것이 감사하다. 나의 삶에서 은혜와 감사가 아닌 것은 단 한 가지도 없다. 감사가 행복지수를 높이는 비결이요 감사하면 행복해지니, 감사가 곧 행복이다.

08

아내의 비싼 몸값

아내를 극진히 사랑하는 어느 남편의 고백이다.

"세상에서 내가 가장 행복할 때는 아내를 진정으로 사랑할 수 있는 마음이 있을 때이다. 세상에서 내게 가장 소중한 것은 아내의 사랑이다. 세상에서 내가 가장 편안할 때는 아내가 내 곁에 머물러 줄 때이다. 세상에서 내가 가장 친근하게 느낄 때는 아내의 손을 잡고 마주 앉아 있을 때이다. 세상에서 내가 가장 고마울 때는 아내가 내 마음을 알아줄 때이다. 세상에서 내가 가장 사랑하는 것은 바로 나의 아내이다."

흙으로 빚어서 구운 그릇을 토기 또는 '옹기'라 한다. 제법 큰 독이라도 그 값은 별로 비싸지 않다. 그러나 흙에다 물소 뼈를 섞어서 구운 그릇을 '본차이나'라고 하는데 그 크기가 작아도 그 값이 토기와 비교할 수 없이 비싸고 뼈의 배합률이 높을수록 값은 한층 더 비싸진다.

그러므로 흙으로 빚어 만든 남자와 갈비뼈로 만들어진 여자와는 그 값을 비교할 수 없을 것이다. 여자는 100% 본차이나이기 때문이다. 어떤 물건이든 하찮은 것이라 생각되면 함부로 취급하게 되지만 비싼 것인 줄 알면 더 소중히 다루게 된다.

그러니까 여자는 남자보다 소중하고 더 비싸다. 그것은 창조의 원리이기도 하다. 여자들은 본차이나이다. 그러므로 함부로 다뤄서는 안 된다. 남자들은 뚝배기 그릇이니 값이 한참 떨어지는 셈이다.

인명재처(人命在妻), 사람의 운명은 아내에게 있다.

처화만사성(妻和萬事成), 아내와 화목하면 만사가 순조롭다.

순처자(順妻者)는 흥하고, 역처자는 망한다. 아내에게 순종하면 삶이 즐겁지만, 거스르면 칼 맞는다.

운삼처칠(運三妻七), 남자의 운명은 운이 삼(三)이고 처가 칠(七)이다.

웃고자 하는 글이겠지만 의미심장한 말이다. 남자들은 천하를 호령하는 자리에 있었다 해도 나이 들어갈수록 힘이 빠지지만 여자들은 오히려 힘이 들어간다. 1만 원짜리 지폐와 5만 원짜리 지폐를 비교해 보라. 왕 중의 왕이요, 가장 위대한 왕 세종대왕 5장이 평범한 여인네 신사임당 1장에 불과하지 않은가.

내 남편은 나를 무척 아끼고 사랑한다. 애기 다루듯 소중하게 여긴다. 남편에게는 아내의 소중함이지만 아내에게는 남편의 소중함일 것이다. 서로에게 소중함이 있을 때 더욱더 아끼고 사랑하며 살아가게 될 것이다. 서로 소중하게 여기자. 이것이 부부의 행복이다.

09

🌱

기도의 후원자

　내가 힘겨워 기도할 수 없을 때, 누군가 나를 위해 기도한다는 노랫말이 있다. 기도조차 하지 못하는 상황에서도 희망은 놓지 말아야 할 이유이다. 내가 낙담에 빠져 있을 때도 이 땅의 누군가 내가 희망으로 돌아오길 기도하고 있기 때문이다.

　"당신이 지쳐서 기도할 수 없고, 눈물이 빗물처럼 흘러내릴 때, 주님은 우리 연약함을 아시고, 사랑으로 인도하시네.

　당신이 외로이 홀로 남았을 때, 당신은 누구에게 위로를 얻나, 주님은 아시네. 당신의 마음을, 그대 홀로 있지 못함을….

　누군가 널 위하여, 누군가 기도하네. 네가 홀로 외로워서, 마음이 무너질 때, 누군가 널 위해 기도하네.

　누군가 날 위하여, 누군가 기도하네. 내가 홀로 외로워서, 마음이 무너질 때, 누군가 날 위해 기도하네. 누군가 널 위해 기도하네. 누군가 널 위해 기도하네."

알고 보면 내가 열심히 잘 살아가는 것도 누군가의 많은 기도 덕분일 것이다. 가깝게는 가족 친지, 지인들, 더 넓게는 우리나라의 많은 사람들, 그리고 지구상의 더 많은 이들의 기도의 힘일 것이다.

희망이라는 것은 혼자만의 힘으로 이루는 것이 아니다. 희망의 나무는 "우린 널 위해 기도하네."라는 노래 가사처럼 나와 너를 위해 기도하고 기도해 주는 우리가 있기에 싹트고 자라나는 것이다.

나에게는 외삼촌(김수영 장로), 외숙모(김덕순 권사), 이모(김문자 전도사)님이 계신다. 내가 어릴 때부터 기쁜 일이든, 슬픈 일이든 새벽 기도로 하루를 여시고, 엄마 생전에 서울에 오시면 밤새 말씀도 나누고, 신앙 간증도 하시며 철야 예배를 하셨던 기도의 동역자였다. 엄마가 하늘나라 가시고 이 세 분은 엄마 생각이 나실 때면 전화로 내게 안부도 묻고, 기도 제목도 물으시고 전화기에 대고 기도도 해 주신다. 중보기도 후원자분들이다.

나를 위해 기도해 주시는 분이 또 한 분 계신다. 생활 속에 어려움이 있거나 기도의 도움이 필요할 때면 먼저 권영세 목사님께 기도를 요청한다. 아들은 엄마는 뭐 그렇게 사소한 것까지 목사님께 기도 부탁을 하느냐고 핀잔을 주지만, 나를 위해 기도하신다는 것을 생각하면 마음이 편안해지고 두려움이 사라진다.

나를 위해 우리 가족을 위해 기도해 주시는 친척과 목사님이 계신

다는 것은 참 은혜이고 감사한 일이다. 기도의 후원자를 많이 둔 사
람은 진정 행복한 사람이다.

맺음말

우리는 행복을 찾아 긴 여정을 달려왔다. 어떻게 하면 행복할 수 있을까? 행복은 멀리 있거나 거창한 데 있지 않고, 아주 가까이 내 안에 있어 마음만 바꾸면 당신도 행복해질 수 있다.

언제나 밝게 웃으면 행복하다. 웃음이 행복이다.
언제나 감사하면 행복하다. 감사가 행복이다.
누구든지 사랑하면 행복하다. 사랑이 행복이다.
아낌없이 나누고 베풀면 행복하다. 주는 것이 행복이다.
언제나 긍정적으로 생각하면 행복하다. 행복은 긍정적인 생각에서 출발한다.
주어진 현실을 만족하면 행복하다. 만족이 행복이다.

누구든지 칭찬하면 행복하다. 칭찬이 행복이다.

누구에게나 친절하면 행복하다. 친절이 행복이다.

내 마음 아프게 한 사람을 용서하면 행복하다. 용서가 행복이다.

서로 안아 주면 행복하다. 포옹이 행복이다.

전인적으로 건강하면 행복하다. 건강이 행복이다.

행복은 현재이다. 인기가 없어 불행하면 인기가 있어도 불행하고, 돈이 없어 불행하면 돈이 있어도 불행하고, 결혼하지 못해 불행하면 결혼해도 불행하다. 없는 것을 행복의 기준으로 삼으면 그 기준은 높아지거나 바뀐다. 현재 행복하지 않으면 나중에도 행복하지 않다. 현재 행복을 찾고 행복을 느끼는 사람은 미래에도 행복이 연속된다. 행복은 미래에 있는 것이 아니고 현재에 있다.

인생은 연극과 같다. 세상은 무대이며 사람은 배우이다. 그런데 배우는 자기 마음대로 하지 않는다. 연출가의 의도대로 하는 것이다. 인생의 연출가는 하나님이시다. 타락된 인간의 본성으로는 노력해서 행복해질 수 없다. 어느 정도는 가능하겠지만, 근본적으로 영원히 행복해질 수는 없는 것이다. 그래서 복음이 필요하다.

복음은 내 안에 계신 예수 그리스도이다. 기쁨의 근원이시며 행복의 주체이신 예수 그리스도를 마음에 모시고 그분의 마음과 생각으로 살 때, 힘들어도 밝게 웃고 감사하고 사랑하며 나

누고 베풀며 긍정적으로 살고 칭찬하고 친절하며 용서하고 서
로 보듬어 주는 가운데 전인적으로 건강하여 행복하게 되는 것
이다.

자연스럽게 행복한 삶이 살아지는 것이다. 천국의 기쁨을 누
리게 된다. 그것이 바로 행복이다. 당신도 행복할 수 있다. 예
수 그리스도 안에서, 그리고 행복의 뜨락에서….

postscript 🖋

집필 후기

———

찔레꽃 김진례

말하기는 쉽지만 그 말을 글로써 표현한다는 것은 정말 어려운 일이다. 내 주변에 지인들이 책을 출판할 때면 부럽기도 하고 나와는 상관없는 일이라고 생각했었다. '내가 어떻게 책을 써.'라고 생각했는데 평소에 존경하는 웃음천사 권영세 목사님과 공동 저서를 내게 되어 무한 감사할 뿐이다.

목사님과의 인연은 어느덧 10년이 넘은 것 같다. 처음 공동 저서를 제안하셨을 때 행여 누가 될까 봐 한편으론 감사하지만 정중히 사양을 하였으나, 목사님 사모님께서 적극 권유해 주셔서 용기를 내었다.

공동 저자가 되는 건 나에게도 큰 영광인 것 같아 부족한 글솜씨지만 나의 평범한 삶의 이야기를 함께 나누고 싶은 마음으로 적어 내려갔다.

이 책을 내면서 먼저 30년을 옆에서 버팀목과 그늘이 되어 주고 힘이 되어 준 사랑하는 남편 황동규 씨와 밥퍼 다일공동체 홍보대사인 보석 같은 아들 연기자인 웅선이에게 고마운 마음을 전하고 싶다.

내가 친정엄마, 아버지 그리고 하나밖에 없는 언니를 하늘나라에 보내고 힘들어할 때 곁에서 위로해 주었던 진화, 진범, 진환, 진구 오빠들, 올케언니들과 조카 그리고 시댁 식구들에게도 감사하다는 말을 전하고 싶다.

그리고 내 신앙생활을 이끌어 주시는 사능교회 백요한 목사님과 삼산교회 정동수 목사님께도 감사를 드린다.

이 책이 독자들에게 작은 행복 전하는 지침서가 되기를 바라는 마음이며, 불행하다고 여기는 분들에게 나도 행복할 수 있다는 희망의 메시지가 되기를 소망한다.